アジアで弱よわの円を外貨に換える利回りバグ投資

ラインシフト合同会社 代表
町田 健登
Kento Machida

ぱる出版

日本円しか持っていないことがリスクになる時代に突入した

2024年8月5日、日経平均株価が下落幅で過去最大、下落率では史上2番目となる「株価の大暴落」が起きました。株価だけでなく、日本円もドルに対して1か月間で約20円近く為替が動き、まるで発展途上国のリスク通貨を彷彿とさせる事件となりました。

この出来事は、1987年にアメリカで起きた大暴落・ブラックマンデーになぞらえて、「令和のブラックマンデー」と呼ばれます。

しかもこの10年間（2015年〜2025年）でドルに対して、主要通貨やシンガポール、タイ、インドネシアなどアジア諸国のどの国の通貨よりも日本円の価値が低いことが明らかになりました。別表をご覧いただければと思いますが、この10年の最安値・最高値の変動率を見た際に、日本円が他通貨よりも大きく変動しているのが確認できるかと思います。

円は現在「アジア最弱級」の通貨です。特に2024年上半期には、日本円は名目実効為替相場（NEER＝物価変動分を加味しないレート）で約8・7％の下落と、トルコリラやアルゼンチンペソなど暴落の激しい通貨のような急落を記録しており、世界的にも弱い通貨だと見なされる状況に陥っているのです。

なぜ、日本円がここまで価値を落としてしまったのかは、本書の中で詳しく説明していきますが、最も重要なことは、「日本円しか持ってない」「外貨を一切保有していない」という状況がリスクになる時代に突入したということです。

「え、私は海外旅行に行かないし、ずっと日本に住む予定だから、円だけ持っていればいいんじゃない?」

「いつも使うのは日本円だし、外貨って不便じゃないの?」

そう思っているかもしれませんが、ちょっと考えてみてください。

円の急落・円の価値は生活に直結します。「最近、食料品や外食、ガソリンの値段が高くなったな、苦しいな」と感じている方は多いでしょう。

実は、その発端が「円の急落」なのです。島国日本は、食料品やガソリンといった生活の基礎になるものを外国からの輸入に頼っています。しかし、円の価値が下落するほど、同じ食料品やエネルギーを買うのにたくさんの日本円が必要になります。つまり、同じものを買うのに多くの日本円が要るので、どんどん物価が上昇するのです。

対米ドルに対する東南アジア諸国の通貨の変動率

通貨（国名）	10年前の価格と現在の価格の変動値	10年間の変動率（2015→2025）
日本円（JPY）	**23.65%**	**62%**
ユーロ（EUR）	0.18%	30%
英ポンド（GBP）	14.05%	48%
スイスフラン（CHF）	−8.46%	23%
カナダドル（CAD）	14.16%	23%
オーストラリアドル（AUD）	20.91%	41%
ニュージーランドドル（NZD）	31.40%	39%
中国人民元（CHY）	18.22%	20%
韓国ウォン（KRW）	35.00%	40%
インドネシアルピア（IDR）	29.36%	31%
マレーシアリンギット（MYR）	23.27%	36%
フィリピンペソ（PHP）	28.76%	35%
シンガポールドル（SGD）	−0.88%	14%
タイバーツ（THB）	6.01%	29%
ベトナムドン（VND）	19.37%	20%

参考：国際通貨基金（IMF）「Exchange Rate Archives」

一方、皆さんの手取り収入は最近増えたでしょうか？

大手企業にお勤めの方は賃金や賞与が少し増えたかもしれませんが、中小企業にお勤めの場合、給料が増えていない方も多いと思います。むしろ、「増税によって手取り収入が減ってしまった」「物価上昇も相まって生活が苦しい」という方が多いのではないでしょうか。

円の価値が上がったり下がったりと、為替レートは日々変化しますが、為替はわかりやすく言うと２国間の「国力」の差で決まります。

世界各国が経済成長する中、日本は「失われた30年」と言われるように経済成長が停滞しています。それでも、何とかやって来ることができたのは、日本は不況ながらもデフレーション（物価下落）が続いていたからです。

しかし今後は、人口減少が加速して市場のマーケットは縮小し、増税も相まって、「経済不況なのに物価が上昇する」というスタグフレーションと呼ばれる苦しい時代に入ります。スタグフレーション（stagflation）とは、英語のstagnation（景気停滞）とinflation（インフレーション）を組み合わせた言葉です。

スタグフレーションが進むことで、今までの30年間当たり前だった考え方やお金の使い方をしていると、生きれば生きるほど資産が減るという取り返しのつかない状況にも陥りかねません。

こんなことを聞くと、「今でさえ生活が苦しいのに、この先がとても不安になった」「昇給の見込みもなく、どうやってお金を増やしたらいいのだろう？」「巷で投資の話を聞くけど、お金が減りそうで怖い」「投資で失敗したことがあるし」など、さまざまな葛藤におそわれるかもしれません。

そんな方にこそ本書を読んでいただきたいと思います。

本書で提案する資産防衛方法はとてもシンプルです。今持っている日本円の一部を外貨に換える。それだけです。

円が弱くなっても、強い外貨を持っていれば、お金の価値を失わずに済みます。さらに、「防衛だけでは物足りない」「安全に堅実に資産を増やしたい」のであれば「外貨投資」という方法があります。

中でも、私が最もお勧めするのは「フィリピン外貨投資」です。一般的にはドルでの外貨投資が知られますが、実はフィリピンでの外貨投資は、ドルとの同時併用も可能です。ほかにも知られざるさまざまな魅力が存在しており、世界的に脱アメリカドル化が進む中、一石二鳥で資産を守り、増やせる可能性を秘めています。

理由は後述しますが、次のような方々は必ず本書が参考になるはずです。

- 日本円しか資産を持っておらず、物価上昇に苦しんでいる方
- 老後や子育ての資金に不安のある方
- 勉強が苦手で小難しいことはわからないけど、資産を増やしたい方
- 仕事や子育てで忙しく、最低限の勉強時間・ほったらかしで資産を増やしたい方
- 投資を始めてみたいと思うけど、株や不動産はリスクが高そうで、お金が減りにくい堅実な投資をお探しの方
- 新NISAやiDeCoなどを始めたばかりの投資初心者の方で、日本円しかもっていない、あるいはNISAやiDeCoの次の投資をお探しの方

一部の余剰資金を日本円から外貨に換えることで、物価上昇に負けない生活スタイルを手に入れることが可能です。また、外貨預金をはじめとする外貨投資を行えば、お金の保管場所を変えるだけで、100万円が数年で130万円になり、お得に生活したり、資産形成を加速させたりすることができます。

円と外貨へ賢く資産を分散させることで、「お金の心配が絶えない毎日」から脱却し、「お金が増えてワクワクできる人生100年時代」を過ごすことが可能となるのです。

お金を増やしたければ今すぐ外貨を持ちましょう

私は、20代でフィリピンに移住し、外貨投資を10年以上続け、31歳の時に無借金で「純資産1億円」を達成した町田健登（まちだ・けんと）と申します。

その経験を活かして、2020年に、フィリピン株、不動産、外貨の投資を専門とする「資産運用の教習所」を立ち上げました。

これまで1万人以上の人に、投資資金20億円を30億円に増やすお手伝いをさせていただきました。

また最近では事業領域を拡張し、経営者の方々に向けて、財務の最適化、日本法人を用いた節税・財務等管理のコンサルティングも行っています。

おかげさまで、資産運用をきっかけにさまざまなご縁に恵まれました。

まず、マルコス大統領直轄「在日フィリピン商工会」の最年少理事を務めることになり、日本企業のフィリピン進出サポートもさせていただいております。

また、東京にある大妻女子大学、大妻マネジメントアカデミーでは大学生向けに、ファイナンシャルプランナー協会では、お金の専門家であるFPの方向けに最新の金融知識等を解説するAFPの単位を付与可能な認定講師をするご縁もいただきました。教壇に立つことは幼少期からの夢の一つであり、亡き父との約束を果たせる舞台であるとも感じており、貴重な機会をいただけたことに感謝しております。

私は、「金融教育」＝「生きる術」と考えています。これから人口減少、増税が続く日本では「働いても働いても手取りが増えない」というジレンマに陥る方が増えると感じており、できるだけ早いうちから「お金について正しい価値観を持つ」ことが重要だと考えています。

大学でも社会人向けのスクールでも、講師を務める際、私はいつも強く訴えていることがあります。

それは、「投資は早く始めたほうがいい」ということです。

投資額のリターンは、運用した時間に比例します。

早ければ学生時代、あるいは30代、40代でまだお子さんが小さい時期から積み立てていれば、資金にも心にも余裕をもってその後の「人生のイベント」に臨むことができますし、老後のセカンドライフを安心して楽しむことができます。

結婚や出産、子どもの養育費、親の介護など、生きていく上では何かとお金がかかります。老後資金への不安から身の丈に合わない投資をして、お金を失ってしまうリスクもあります。できるだけ早いうちに、賢く運用して資産を増やす方法を身につけておきたいものです。

「投資について学んでこなかった」「もっと早く投資を始めておけばよかった」と思うかもしれません。しかし、ご安心ください。

今あなたが何歳でも、人生でいちばん若い日は今日です。

投資に二の足を踏んでいた人も、円が弱体化している今であれば、「外貨保有」の重要性、「外貨投資」の恩恵を実感しやすいはずです。

まずはハードルの低い「外貨両替」や「外貨預金」から始めてみましょう。

今、外貨保有という種を蒔けば、5年後、10年後に「大きな果実」を収穫することができるのです。

「フィリピン外貨保有・投資」で手堅く資産形成する6つの原則

「外貨」といえば、世界の中心アメリカの米ドルが真っ先に思い浮かぶでしょう。

しかし実は、外貨の保有・投資の〝穴場〟は「フィリピン」です。フィリピン外貨投資のポテンシャルやさまざまなメリットに、まだ多くの人は気づいていません。

フィリピンという国は通貨がとても安定しています。フィリピンは人口増加が著しく、毎年のGDP成長率が前年比6％以上を続けています。さらに、人口ボーナス（その国における若い人の割合が人口の過半数を超え続ける期間）が2050年まで続くと見込まれています。

日本からわずか4時間とアメリカよりもはるかに近く、英語が伝わるのも魅力です。

近年では政治が安定化し、カントリーリスクも非常に低くなったと言えます。

フィリピンで定期預金をするだけでも、ドル・ペソの通貨が選択でき、日本の利息と比べて約350倍の利息を得ることができます。

100万円を預けて日本円なら1年間で1000円・2000円のところ、フィリピン預金なら約3万5000円の利息が付きます。豪華なランチ1回分くらいは、お得になるのです。

私が掲げる「フィリピン外貨保有・投資の成功の6原則」は次の通りです。

（1）1ドル100円なら「円」で生活、150円なら「ドル」で生活

フィリピンではペソだけでなく、ドルを用いた投資も可能です。円とドルと、ペソ、3通貨に分散し、通貨価値の高い通貨を利用・生活することで毎日お得に生活することが可能です。

（2）米ドル30％、ペソ20％（定期預金）の比率をキープ

外貨の保有比率には「黄金律」があります。この黄金律を徹底して守るようにしましょう。

（3）居住者扱いになって高金利で資産の増加を加速

フィリピンビザを取得することで、日本に住んでいても「居住者」の特権を受けられます。

（4）居住者扱いになって課税優遇を目指す

フィリピンビザを取って、現地に毎年183日以上住めば、資産の運用益に対する課税優遇も適用されます。

（5）安い物価で生活、余剰資金を投資に回す

フィリピンビザを取得し、「実際に住んで生活する」ことで資産形成が加速します。

（6）「エージェント詐欺」に要注意

フィリピン投資のいちばんの注意点は、政治経済によるカントリーリスクではなく、「エージェント詐欺」です。

私の被害体験もふまえ、第7章で詳しく解説します。

この6原則に従えば、誰でも安心して「フィリピン外貨投資」で資産を増やすことが可能です。

「あのとき投資をしておけばよかった」とあとから嘆いても、過ぎた時間は返ってきません。

しかし、日本の50年前に相当する高度経済成長期のフィリピンの力を借りることで、日本国内だけでは決して得られない資産を形成することができるのです。

『アジアで弱よわの「円」を、「外貨」に換える利回りバグ投資』目次

第2章 外貨投資の第一歩は「外貨両替」から

第3章 知らないと損する「外貨預金」と「外貨投資」の最新トレンド

第4章 なぜフィリピンは「外貨投資の優等生」なのか？

第5章 フィリピンビザを取得すれば資産形成が加速する

第6章 投資家向け「4種類のビザ」取得条件と特徴

第7章 リスクを正しく恐れれば「外貨投資」は怖くない！

あとがきに代えて――世界を旅する「冒険投資家」を増やしたい

企画協力　潮凪洋介（HEARTLAND Inc.）
編集協力　嶋康晃

第1章

今の1000万円は30年後500万円に目減りする?

ウクライナ戦争で「有事の円買い」は過去の神話になった！

「失われた30年」と言われる危機的な経済不況の中でも、私たちがどこかで楽観していたのは、「日本円＝世界の安全通貨」と信じられていたからです。

皆さんは「有事の円買い」という言葉を聞いたことがあるでしょうか？

これまでは、世界経済に影響を及ぼしかねない大きな戦争や事故、自然災害、経済危機などが起こると、外国為替市場では〝安定した通貨〟である「円」が買われ、円高が加速するという経験則がありました。

事実、２００８年のリーマンショック、２０１１年の東日本大震災が起きたときには、急激な円高が進みました。２０１１年10月末には１ドル＝75円台と円の過去最高値を記録しました。

日本は長くＧＤＰ（国内総生産）が右肩上がりに伸び、貿易収支は黒字続きで、世界有数の経済大国でした。そのため円の信頼性は高く、国際情勢に不安を感じた人は円を買う傾向にあり、「安全資産」「逃避通貨」などとも呼ばれていました。

ところが、です。

２０２２年以降、有事の円買いという神話は一気に崩れ去りました。円の脆弱性が証明され、日本円は安全ではなくなったのです。

今、世界は混迷の中にあります。ウクライナ戦争の行方が見通せず、イスラエル・ガザの紛争は、イランや中東諸国との戦いに発展し、戦禍が広がり続けています。

これまでの常識から考えれば、こうした世界規模の有事の際には、安定通貨の「円」が買われるはずでした。

しかし、今回ばかりは真逆のことが起こり、円の大暴落が起こってしまったのです。

円の暴落の理由をここから詳しく説明しますが、難しいと思った方は、とりあえず「日本円が過去に類を見ないほど暴落する時代に入った」ということだけを覚えておいてください。

円が暴落した大きな原因は、ウクライナ戦争以降の政府・日銀の金融政策にありました。

2022年2月、ロシアによるウクライナ侵攻が始まると、アメリカを筆頭に日本を含めたG7各国中心にロシアへの経済制裁を行いました。「戦争をやめないなら経済的にロシアを困窮させてやる!」という狙いだったのですが、これは諸刃の剣でした。

なぜなら、ロシアは天然資源が豊かな国です。経済制裁をしたEU諸国はロシアのエネルギーに頼っていた国も多く、ロシアから輸入ができなくなったためにエネルギーの価格が高騰しました。

また、ロシアは世界で最も広大な国で、アジアや中東、欧州各国に隣接しています。今まで使っていたロシアの陸路や空路を、トラックや飛行機が突如通れなくなったら、混乱する範囲が広がるのは容易にイメージできるでしょう。経済制裁の結果、人の往来や物流に従来のルートが使えなくなり、遠回りしたり、再構築することが必要になりました。

つまり、この既存の物流網の崩壊により、ロシアが供給していたエネルギーや穀物などが不足して世界的な物価高騰が起こったのです。


さて、物価上昇に対する効果的な対策は何でしょう？

それは人件費を上げることです。物価上昇以上に世界が人件費を上げれば問題なかったのですが、当時はコロナの封じ込め政策により、疲弊している企業が数多くありました。政府に「人件費を上げなさい」と言われても、財源のない企業も多かったのです。


そこで、世界経済の中心であるアメリカは、急速な政策金利（各国の中央銀行が設定する基準になる金利）の引き上げを連続で行い、物価上昇に歯止めをかけようとしました。

なぜ、政策金利が上がると物価上昇が止まるのでしょう？

わかりやすく例え話をします。政策金利が上がると銀行の定期預金の金利も上がります。定期預金金利が年2％→年6％になったとします。つまり、3倍の利息がもらえるということです。

すると、多くの人がこう思うでしょう。

「今はモノの値段が高いな。でも、銀行にお金を100万円預けたら3倍お金が増える。いつもは2万円の利息なのに6万円ももらえる！　もったいないから、モノを買わずに銀行にお金を預けておこう」と。

こうなれば、多くの人が消費にお金を使わなくなります。企業は困って、10％オフや20％オフなどの値引きに応じる会社も出てきます。こうして、市場に出回るお金を減らして、物価を下げようというのがアメリカの狙いだったわけです。

ところが、これが世界にとんでもない影響を与えました。

アメリカがどんどん金利を上げた結果、世界中が米ドルばかりを買い、自国の通貨を売る事態になったのです。

皆さんは、途上国のお金と米ドルであれば、どちらが欲しいですか？

アメリカは世界の中心なので、米ドルのほうが安心できそうな気がするでしょう。

一方で、たとえばアメリカの定期預金の金利が2％、途上国の定期預金が4％だったとします。普段なら、リスクをとっても高い金利が欲しいから、途上国に預金をするという人も一定数いるでしょう。ところが、アメリカが金利を上げて、米ドル4％、途上国4％となったらどうでしょう？　当然、安全そうな米ドルを選ぶ人が多くなります。

このように、アメリカが金利を上げた結果、米ドルが買われ、途上国の通貨を売る動きが世界的に加速しました。

金利の高い国の通貨は強くなります。定期預金などの利息も多くなるので、その通貨の価値が上がるのです。

アメリカが金利を上げたことでドル全面高が進みました。これがすべての始まりでした。ほかの国ではドルに対する自国の通貨価値が下がるので、自国通貨はどんどん売られてしまいます。これを避けようと、ユーロ圏やフィリピンなど多くの国もこぞって自国通貨の金利を上げていきました。

たとえば、アメリカでは政策金利を5・5％に（＋5・25％）、ユーロ圏では4・5％（＋4・5％）、フィリピンでは6・25％（＋4・25％）に上げました。

アメリカが金利を上げても、他の国も同じように追随して利上げをすれば、一般の人にとってはどちらの国の銀行にお金を預けていても利息は下がりません。

こうして世界中で金利上昇合戦が起きたのです。

にもかかわらず、日本だけは金利を上げませんでした。

正確に言うと、「金利を上げることができなかった」のです。

日本はバブル崩壊後の経済の長期低迷が続き、「失われた30年」から抜け出せていませんでした。金利を上げると、国債を返済する金利も上がるので日本の借金はさらに膨らむのはもちろん、不動産ローンやビジネスローンに苦しむ企業や個人も増えてしまうなど、いろいろな懸念材料がありました。世界各国が人件費を上げる中、日本は長い間、賃金が上がるどころか平均所得が下がっていたのも理由の一つです。

そのため、アベノミクス下で行われた〝異次元の金融緩和〟と称される極端な低金利政策を継続したのです。

その結果、2022年10月には1ドル＝151円まで円の価値が暴落しました。

国はあわてて為替介入（政府・中央銀行が通貨価値の急激な変動を抑えるために国が持っている通貨を市場で売買すること）を行って円を買い戻したにもかかわらず、投資家のマネーゲームにも巻き込まれて、どこまで行っても円の暴落に歯止めをかけることができなくなってしまったのです。

「円リラ」と言われるくらい「円の脆弱性」が証明された！

米ドル対円の相場は一進一退を繰り返しながら、2025年現在も円安が回復する気配は見えません。

とくに「コロナも落ち着いたし、そろそろ海外にでも」と考えている人などは、この円安水準が一体いつまで続くのか、とても気になっているのではないでしょうか。

実は、世界には通貨が暴落し続けている国があります。

最も有名なのがトルコです。

世界の金融市場ではトルコリラは長く「脆弱な通貨」として認識されています。投資家の間では、トルコリラに投資する人を「ほんとに大丈夫なの？」と高みから笑っているようなところがありました。
ところが、「円」の暴落が一向に止まらず、気づいてみればリラと同じような状況で、ヨーロッパなどからは一時期、〝円リラ〟とまで揶揄されるようになってしまいました。

トルコリラは2000年代半ばまでは高値でしたが、2008年のリーマンショックで急落し、それ以降長期的な下落が続いています。2021年秋にはさらに暴落し、市場最安値を何度も更新する事態となりました。
主な原因は、原油やガスなどの価格が上昇し、インフレ懸念が強まったにもかかわらず、エルドアン大統領の方針で利下げを相次いで強行したことでした。
自国の通貨価値が下がり続けるので、給料をリラでもらっている人々は、「明日にはパンの値段がリラベースで2倍になってしまうかも」と恐れました。だから、信用できないリラはどんどん売られ、ドルなど金利の高い外貨に両替する人が増えました。これが集団心理になり、リラはいつまで経っても下げ止まりません。

なんだか、今の日本の状況に似ていると思いませんか？

トルコは、独裁政権が崩壊したシリアと国境を接し、イラクとの国境紛争などの地政学リスクがありますし、大統領権限が強いなど日本とは異なる点もあるので、一概に日本円がトルコリラのように大暴落すると言いたいわけではありません。ただ、すでに触れたように、日本ではインフレ対策としての金利上昇に踏み切れず、長く低金利政策を続けてきたために円の価値が下がってしまいました。そのため、金利の高いドルなどで預金や資金運用をする人が増加しました。

最近も、ドルに対する日本円の為替相場は過去に類を見ないほどの変動が続いています。

インフレ率2%台が続けば30年後には円資産は約半分に！

モノやサービスの値段が上がることをインフレーション（インフレ）と言い、逆に値段が下がることをデフレーション（デフレ）と言います。

2013年1月、日本経済が長く続いたデフレから脱してインフレに転じたことを受け、日銀はインフレ率を毎年2%上昇させていくという目標を掲げました。

インフレ率というのは、消費者物価指数の上昇率のこと。簡単に言うと、前の年と比べたモノやサービスの小売価格の水準がどのくらい上がったかを表す指標です。

「経済の体温計」とも言われます。

インフレになると、同じお金で買えるモノの量が減ります。逆に言うと、同じモノを買うのに余計にお金を出さなければならなくなります。

インフレ＝お金の価値が目減りすること

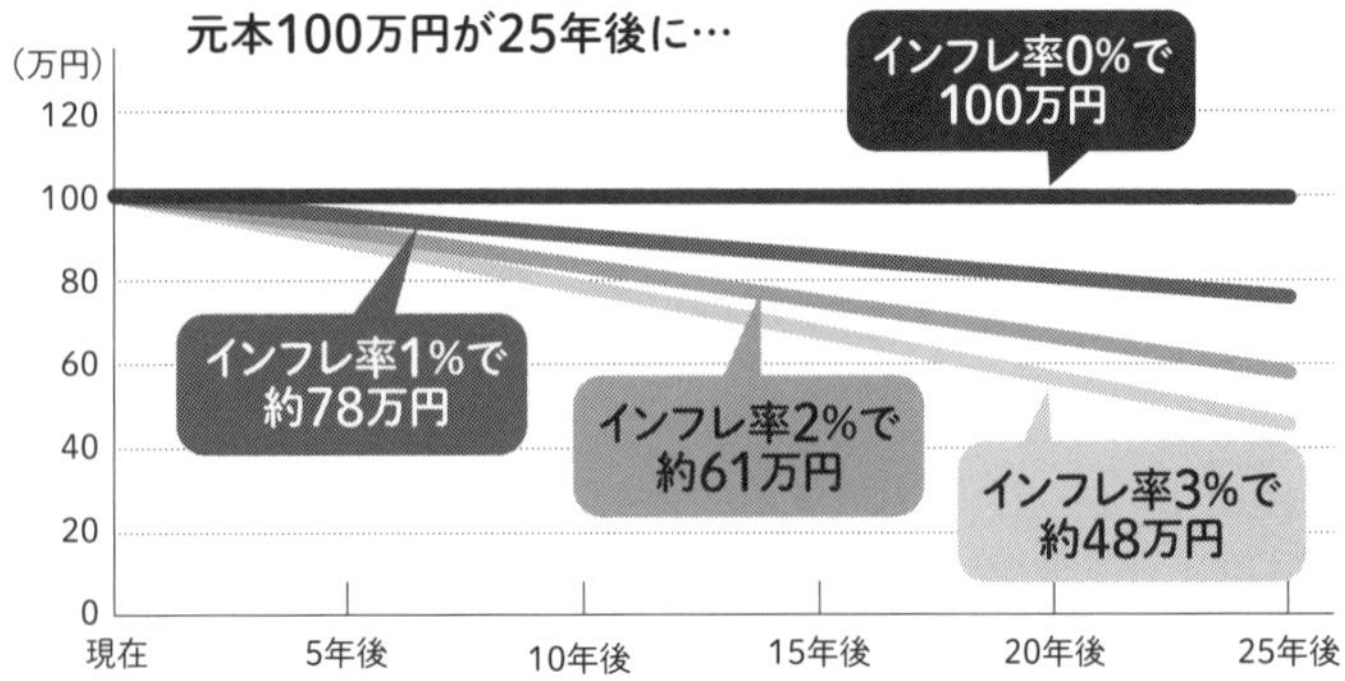

物価が２％上昇すると、今年１００円で買えたものが１年後には１０２円出さなければ買えません。

単純に、モノの値段が毎年２％ずつ上がっていくとして、単利（元本に対してのみ利息が付く運用方法）で計算すると、毎年２％＋２％＋２％……と増えていきます。

今年１００円で買えたものが１年後には１０２円、２年後には１０４円……となります。

そして、25年後には１５０円です。持っているお金が１００円のままだとしたら、同じモノを買うには50円足りません。

このことをお金の価値で見ると、１００円というお金の価値が実質的に下がったと考えることができます。

つまり、インフレというのは物価が上がり、お金の価値が下がることです。

現預金のまま置いていると、額面自体が減ることは

「1,000万円の価値」はどう変わる?

物価が3%ずつ上昇し続けた場合

ありませんが、その実質的価値は毎年目減りします。

仮に、２％の物価上昇が25年続くと、今の１００円は25年後には１５０円となり、

１００円÷１５０円＝約66円（約34％減）

１００円は約66円の価値しかなくなります。

さらに、30年後には資産は約62円の価値となり、40％目減りすることになります。

ここではインフレ率と元本の価値について便宜的に「単利」で計算していますが、利息を元本に組み入れた「複利」で計算するのが一般的で、そうなるとお金の価値の差はさらに大きくなります。

仮に今、１０００万円の資産を持っていたとしても、現金でそのまま持っているだけでは30年後には実質的なお金の価値は半分程度になってしまいます。

ここで強調したいのは、経済が弱っている中、失われた30年

主要国の政策金利（年平均値）

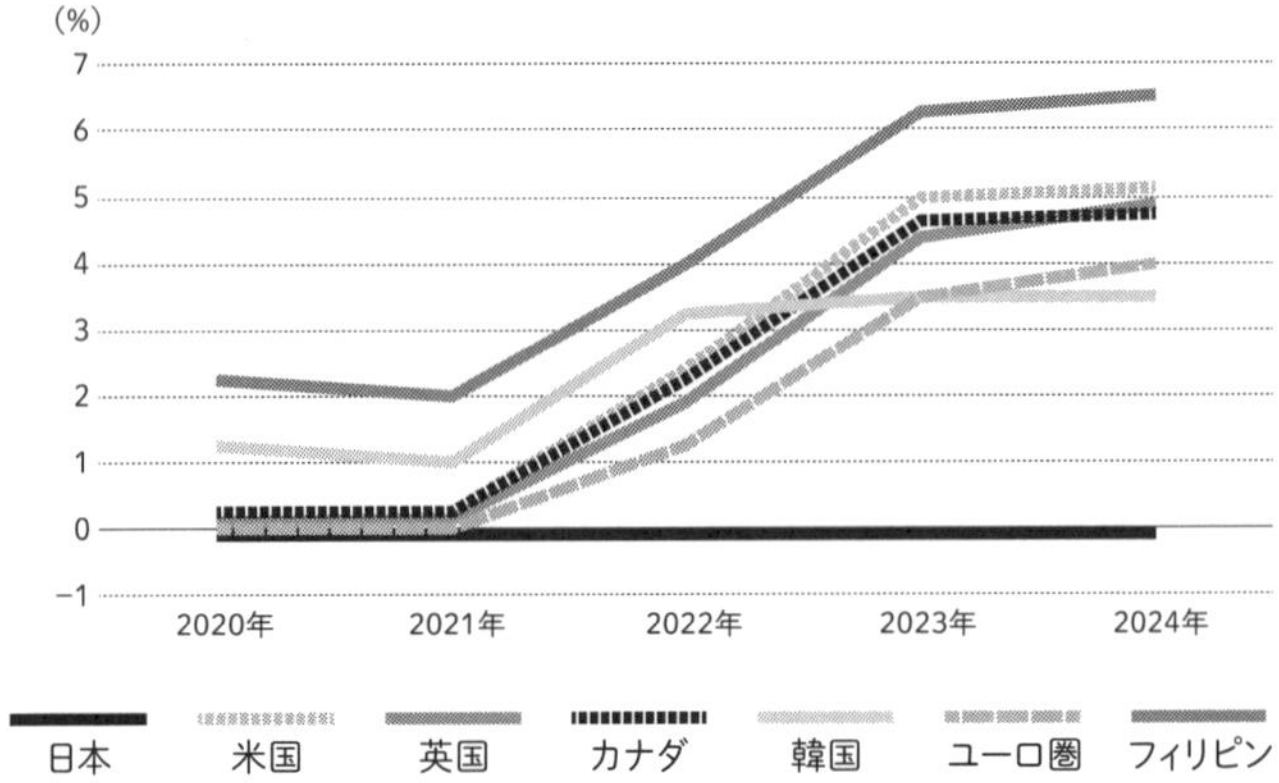

参考：日本銀行「金融政策の運営（短期金利操作）」、
マネックス証券「各国政策金利表」、フィリピン中央銀行「Bangko Sentral ng Pilipinas」

でも日本がなんとかやってこられたのは、デフレで物価が下がり続けていたからです。

ところが、ウクライナ戦争以降、円の価値が下がってしまいました。エネルギーや食糧などを日本は輸入に頼っているので、海外から高く買わなければなりません。そのため、不景気なのに物価が上昇する、いわゆるスタグフレーションの状況になっています。

このままインフレ率2％が続けば、30年で60％増えるので、同じ1000万円のものを買おうとすると1・6倍（1600万円）の資産がなければなりません。

30年で4割以上も資産が目減りしてしまうわけですから、同じ生活レベルを維持するには、物価上昇率に合わせて今から毎年最低でも2％以上は投資などでお金を増やしていく必要があると思います。

「投資はリスク」と考えている方も少なくないと思いますが、円だけを現預金で持っていて、何もしないことが実は資産を減らす最大のリスクと言えるでしょう。そういう時代が来ているのです。

人口減少、増税が続く中の日本円の行く末

円という通貨が、かつてないほど弱くなっている現状がご理解いただけたかと思います。

一体、これからの未来はどうなるのでしょうか？

前述したように、為替差には国力の差が反映されます。

日本という国は安心・安全で将来的に伸びると評価されれば円を買う人が増えますし、「日本は危ないんじゃないか？」と不安視する人が増えれば円はどんどん売られます。

これは円に限らず、世界中どの通貨でも同じです。

日本の経済がこの先どうなるのかと考えたときに、まず問題になるのが「人口減少」です。

最近、「２０２４年の出生数が70万人割れ」というニュースが話題になりました。

これは２０２４年11月５日に厚生労働省が公表した人口動態統計の概数値で、２０２４年上半

日本の人口推移

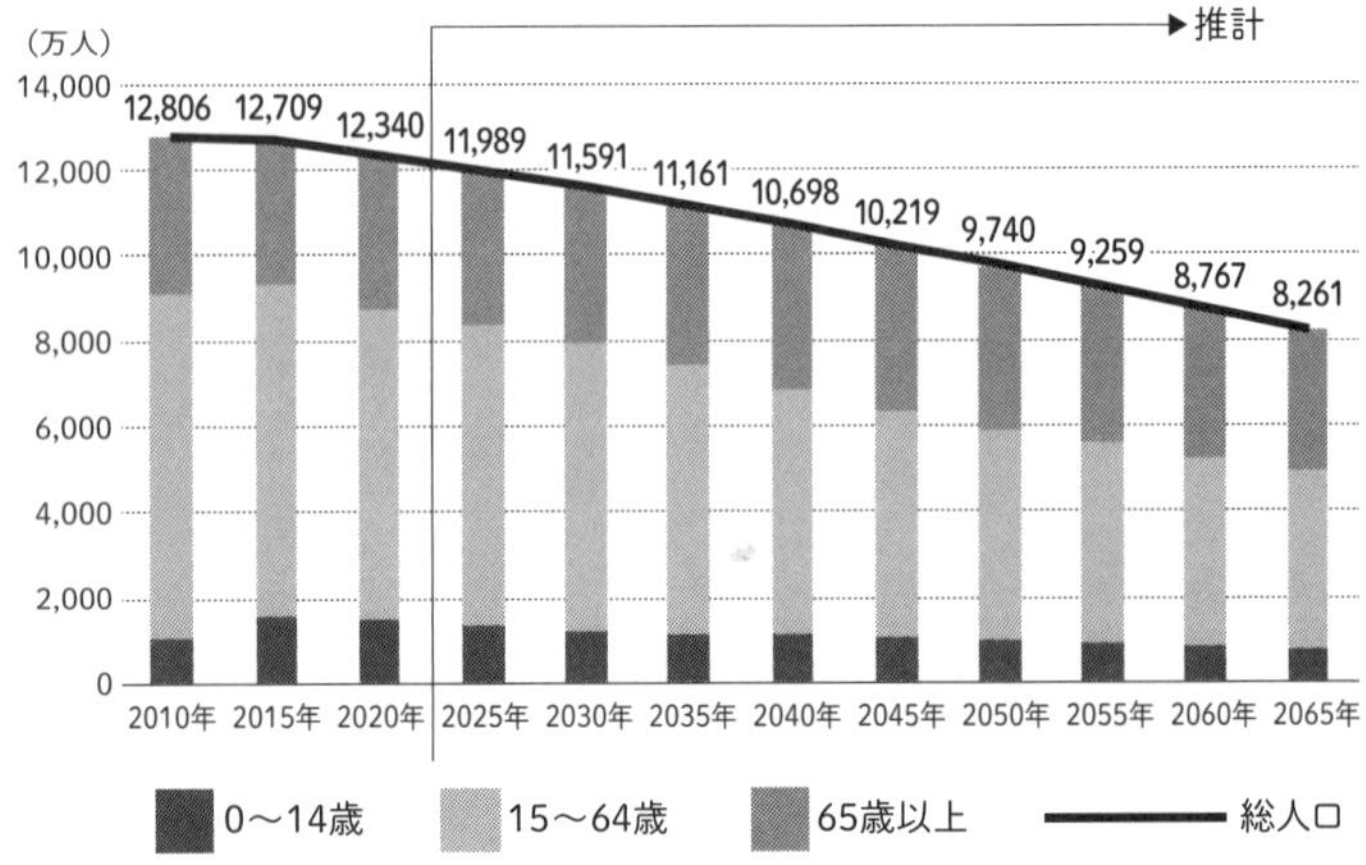

資料：内閣府「令和4年版高齢社会白書」のデータを基に作成

期（1〜6月）の出生数が32万9998人たったことから推計されたものです。

日本人の人口は2008年の1億2808万人をピークに15年連続で減少しており、2048年には1億人を割り込むと予想されています。

https://www.stat.go.jp/data/jinsui/new.html

少子化と聞いてもピンとこない方もいると思うので、今の人口減少速度をわかりやすく説明すると、2022年は鳥取県の総人口が、2023年は山梨県の総人口に相当する人口が減少しました。毎年、一つの県に相当する人口が減っていると聞けば、その深刻さが多少はイメージできるのではないでしょうか。

少子化・人口減少が進むということは、

社会保障給付費の年次推移と予測

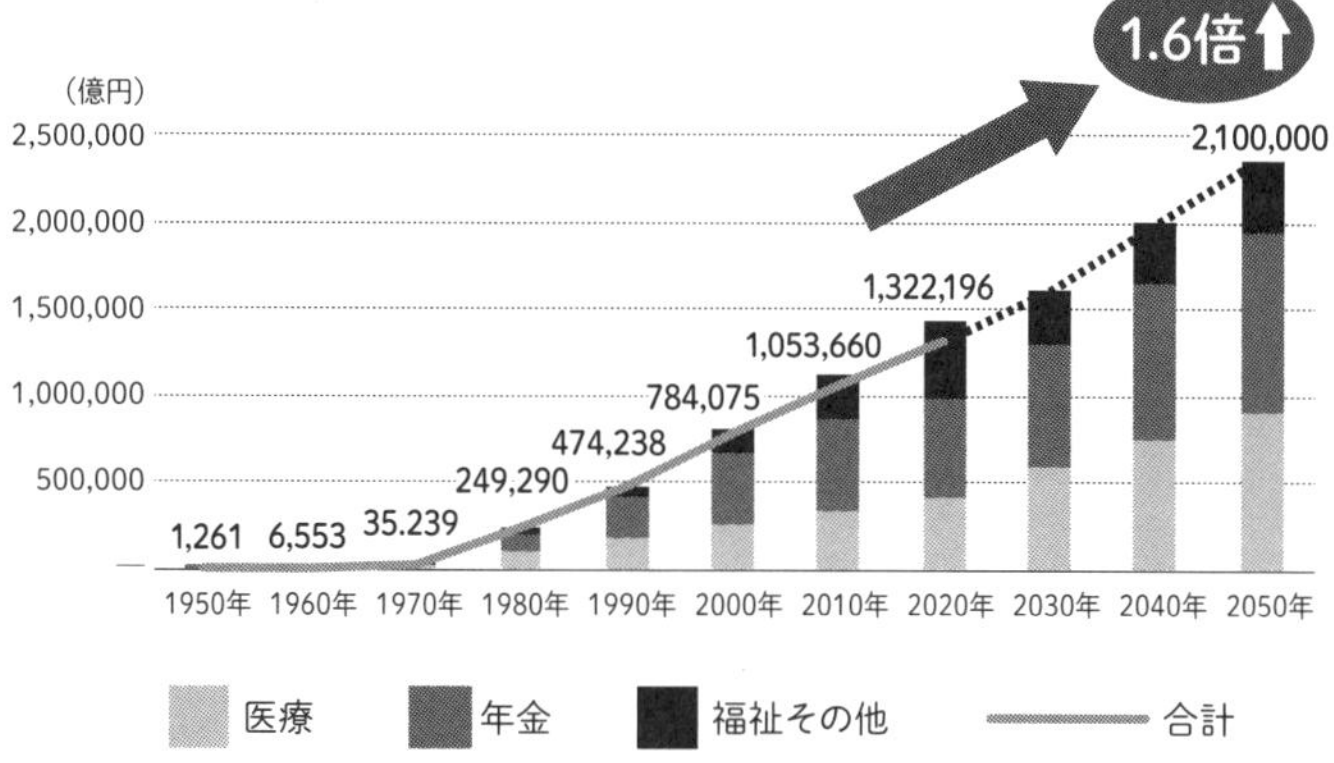

参考：「令和4年度社会保障費統計：時系列表第8表」、
厚生労働省「2040年を見据えた社会保障の将来見通し」、
財務省「社会保障関係費は今後も増えるのか」、
日本社会保障学会「人口動態と社会保障に関する研究報告」

社会経済にどんな影響を与えるのでしょうか？

単純に、人口が減れば、モノを買う人の数が少なくなります。家だろうと車だろうと、企業が懸命に経済活動を行っても、日本国内の日本人だけを相手にサービスや商品を販売すると、買う人の数がどんどん減るので、少ないパイの奪い合いになります。市場規模は縮小し、企業の売上は低下します。「人口が3分の1になるから、水を3倍飲みます！」という人はいないでしょう。

また当然、減益が続く企業に勤めていれば、売り上げ減少に比例して給料や賞与も減る可能性が高くなります。収益が減り続けても同じ人件費を維持すれば、企業のお金がなくなり倒産リスクが格段に上がります。

また、人口減少は、税収の減少と社会保障費の増加につながります。

今、日本の経済成長を妨げている大きな問題が「増税」です。

アメリカのトランプ大統領が法人税の引き下げなどの企業向け減税を掲げているのに対し、日本は法人税率引き上げなど真逆の財政政策を進めています。消費税率アップが世間で騒がれますが、その裏でこの30年間で社会保険料は1・22倍に増加したのをご存じでしょうか?

厚生年金を中心に社会保険料負担はどんどん引き上げられてきましたが、給料天引きのために、国民に気づかれにくい側面がありました。

また、財務省によると、国民所得に占める税と社会保険負担の比率を示す「国民負担率」が2024年は45・8%になる見込みです。

一方で、経営者の高齢化の問題もあり、経営者の平均年齢は63・02歳。政策金融公庫のデータによると、全国の中小企業のうち、後継者候補がいるのは約10%であり、廃業予定が57%となっています。倒産する企業が増える中、誰が社会保険料を負担するのでしょう。1社あたり、1人当たりの社会保険料負担率がますます上昇していく可能性が高まっています。

また、石破茂首相は2024年に行われた自民党総裁選の際、金融所得課税(預金や株式などの金融商品で得られた所得に課される税金)についても言及しました。納税者の年間所得が1億円を超えると税負担率が低くなる、いわゆる「1億円の壁」の是正のためとしています。

しかし、仮に一度法案が通ってしまえば、年間所得1億円以下の場合もなし崩し的に税負担が増えることが心配されます。これまで日本は株式投資や定期預金の税金は20％で済んでいましたが、30％、40％とより増税が加速する可能性があります。

政府・財務省は一貫して消費税率引き下げにも消極的です。

GDP世界4位と安心するな！ 韓国・台湾に負けた日本

2024年2月、日本の前年のGDPがドル換算でドイツに抜かれ、それまでの世界3位から4位に転落しました。

世界4位への転落には、日本の長年にわたる不況やデフレに加え、急激な円安で、ドルに換算した際の経済規模が目減りしたことが影響したとされています。

国内総生産を表わすGDPはその国の経済状況を示す指標です。

このまま行くと、2025年の日本のGDPはインドに抜かれて世界5位になる見通しです。


こう聞いても、「まだ世界の上位なんだから大丈夫だよね」と思う人もいるでしょう。

それは錯覚です。

世界4位なのは「名目GDP」というものです。

名目GDPというのは、国内で生産されたモノやサービスの数量に市場価格をかけて生産されたものの価値を算出し、すべてを「合計」したものです。

付加価値が増加する中で、企業の内部留保は増加

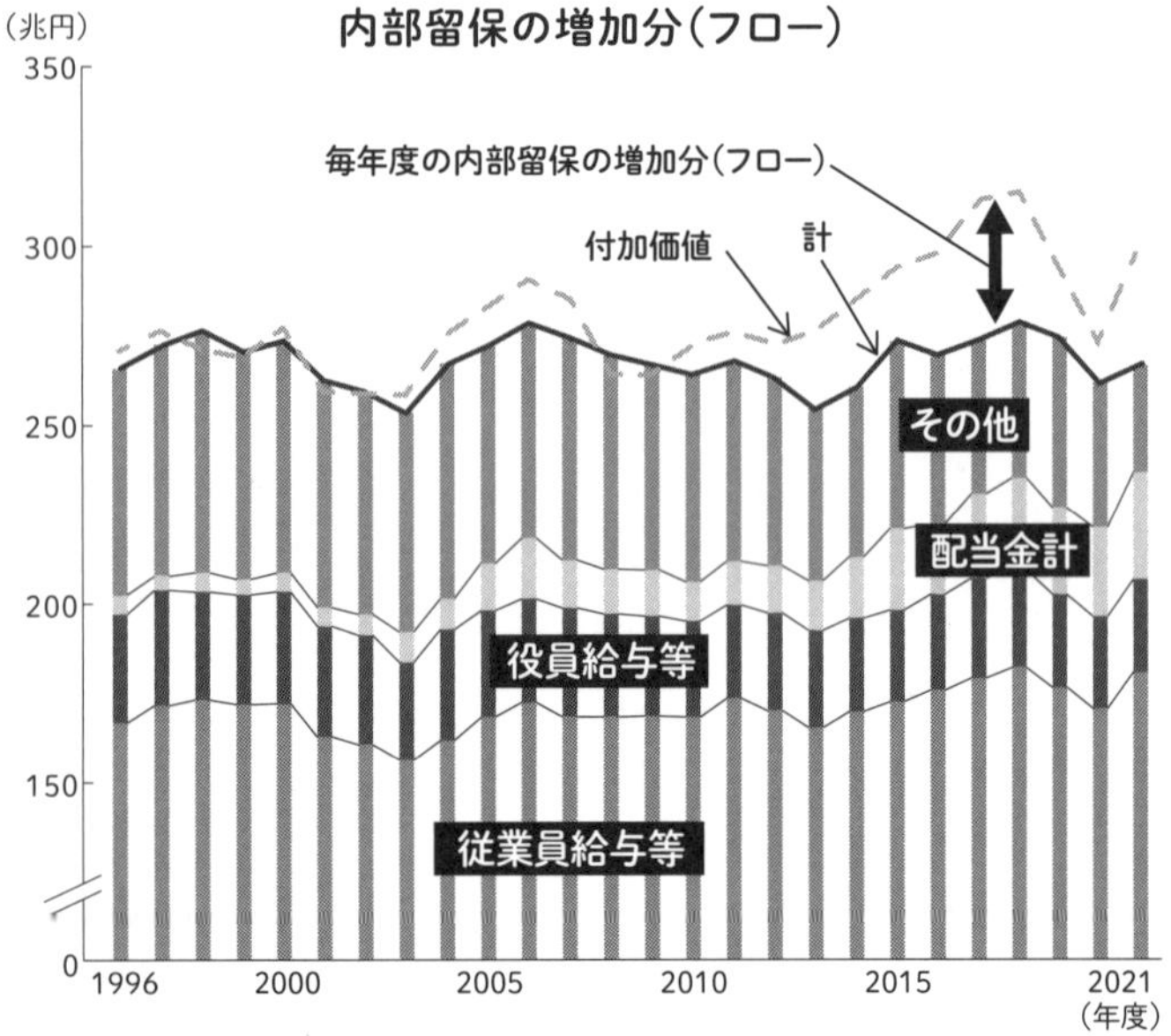

出所　財務省「法人企業統計（年報）」

日本の名目GDPが高いのは、実は、トヨタ自動車など、ごく一部の大企業の売上がGDPを押し上げているからです。なにしろ、トヨタの売上高はデンマークやハンガリーなどヨーロッパの一国のGDPに匹敵するのですから。

本当は、それよりも問題にしなければならないのは「国民1人当たりGDP」です。

国民1人当たりのGDPとは、GDPを人口で割った数字で、これこそがその国の平均的な豊さを示す指標なのです。

実は、2023年の日本の

1人当たりGDPは世界34位でした。先進7か国（G7）では最下位です。しかも、2023年には韓国に、そして2024年は台湾にも抜かれてしまいました。よほどの技術革新や税制転換がない限り、人口減少が進む日本では成長が難しく、国際的な競争力はこれからもどんどん弱くなっていくでしょう。

この〝不都合な真実〟に目を向けてほしいと思います。

ちなみに、今私が住んでいるフィリピンのGDP（名目GDP）は世界34位（2023年https://www.globalnote.jp/post-1409.html）ですが、毎年約6％ずつ上がっていっている状況です。インフラの整備なども急ピッチで進んでおり、いずれは上位に顔を出していくでしょう。

こう考えると、ふと日本が〝途上国化〟しているような気分におそわれます。

フィリピン人というと昔から日本ほか海外への出稼ぎで知られますが、最近は日本の若者が人件費の高いオーストラリアや香港などにワーキングホリデーで出稼ぎに行っていることはご存知でしょうか？

オーストラリアは物価が高く、生活困窮者への炊き出しに日本人が並んでいることもニュースになりました。これも象徴的に日本の状況を映し出しています。

人件費の高い国には移民が集まりますが、単純作業だとしても、英語のできないことがネックになります。この点、英語が苦手な人の多い日本人は不利です。海外へ出向いても、仕事をして対価を得るということはそれほど簡単ではありません。

大学の教壇に立っていても、「日本はどんどん貧しくなっている。若者にどんな未来があるのだろう?」と不安に駆られている若者が大多数であり、明るい未来がますます描きにくくなっているように思います。

近年、日本の人件費(賃金)が上がらないことは大きな問題になっています。企業が先行き不透明感から内部留保を溜めこんでいることがその理由の一つです。

このことも、日本の経済成長を妨げている大きな要因になっています。

日銀金利上昇で「国内不動産投資」の終焉が近い

ここまで日本経済が苦しいこと、日本円の暴落の裏側について説明してきました。円の暴落、物価上昇以上に資金を増やさなければ資産は目減りします。

近年、資産形成のために、会社員の方などでもできる投資として世間で人気を集めているのが「国内不動産投資」です。巷では、安い金利で銀行からローンを借りて、家賃収入との差額で儲けるレバレッジ投資の本が出回っています。しかし、スタグフレーションに入った日本経済のもとでは、国内不動産投資は一歩間違えば大きな事故につながります。

ここまで説明した通り、2022年からの2年間で円が大暴落したにもかかわらず、常識はずれの低金利政策を続けた政府・日銀は、経済界など各方面からさんざん叩かれました。

	利上げ	利下げ
預金・住宅ローン金利 企業の借入金利	上昇 ↗	下落 ↘
物価	下落 ↘	上昇 ↗
株価	下落 ↘	上昇 ↗
為替	円高 ↗	円安 ↘

輸出企業はモノが売れてハッピーでしたが、輸入に頼っている飲食業界などからすると、ただでさえコロナ禍の影響で経営が苦しいのに、政府・日銀は円安への効果的な対策を行えませんでした。

　そうした背景もあり、２０２３年４月、日銀総裁が黒田東彦氏から植田和男氏へ10年ぶりに交代することになりました。

　２０２４年７月、植田総裁は世界から２年半遅れで、政策金利を０・25%（２０２５年３月現在では０・50%）に引き上げました。

　その結果、何が起こったでしょうか？

　当然ですが、まず不動産ローンやビジネスローンの変動金利が上がり、ローンの返済額が上昇しました。

　金利引き上げは物価上昇抑制や円安是正のためでしたが、アベノミクス以降長く低金利政策が続いてきたために法人も個人も金利上昇を予想していなかった方も多いと思います。

痛手を受けたものの一つが「国内不動産投資」です。

近年、サラリーマンを中心にワンルームマンション投資が人気です。もともとワンルームマンション投資は、2000万円前後の投資をして毎月の利益が5000円程度しかないという場合も少なくありません。

そこにローン返済の金利が上がったために、銀行への返済が家賃を上回り、赤字になったり、ギリギリの利益しか得られなくなったというケースが相次いでいます。

金利引き上げについては、石破首相も植田総裁も慎重ながら肯定する姿勢です。何よりも問題なのは、そもそも国が長期金利のコントロールを失っていることです。

2024年8月5日、東京市場の日経平均株価は4451円安で下げ幅は史上最大になりました。すでに述べた「令和のブラックマンデー」です。

これがなぜ起こったのでしょうか?

きっかけの一つが植田総裁の失言でした。

植田総裁は就任当時から、黒田前総裁の金融緩和路線を引き継ぎながら、じわじわと金利を上げていくという方針をとっていました。

しかし、同年7月末の日銀の金融政策決定会合後の記者会見で、植田総裁はうっかり「予測どおりに日本経済が推移すれば、今後も利上げを続けていく」という旨の強気発言をしてしまいました。

利上げをすると安全資産の定期預金などにお金が集まり、株が売られることになります。このときは、実際に大幅利上げをしたわけでもないのに、「利上げをし続ける」ということの発言があっただけで令和のブラックマンデーが起こったのです。

今の日本は、わずかに政策金利を上げただけでも株価が暴落するような国です。舵を失った船のようなもので、金利を上げなければならないけれど、上げれば株価が下がってしまいます。

利上げをすれば不動産投資やビジネスが破綻します。会社員の金字塔投資である国内不動産は、十分利益のとれる物件を選ばないと大赤字に転落する恐れがあります。かといって、利下げをすれば外貨が買われ、円の価値がさらに下がって、国民の生活が苦しくなる。

まさに、「進むも地獄、退くも地獄」という状況にあるのです。

眉唾の日本株価格。日銀の買い支えが終わった先に待つものは？

このように、場当たり的な短期の金利政策によって、国内不動産投資が厳しくなったことはご理解いただけたかと思います。

では、「株式投資」はどうでしょう？

株というと日本株が真っ先に浮かぶと思います。

2024年7月11日の東京市場では、日経平均株価は終値として初めて4万2000円台をつけて、史上最高値を更新しました。

これを受けて、投資家の間では「日本株、イケるんじゃないか」という期待感が高まっています。

しかし私は、これは危ない見立てではないかと思っています。


あなたは、「ETF（上場投資信託）」という金融商品をご存知でしょうか?

ETFというのは、日経平均株価などに連動する投資信託で、株式と同じように証券取引所に上場している金融商品です。

1つの銘柄ではなく、上場している日本の代表的な企業の銘柄が組み合わさって1つのパッケージになっています。そのため、個別の株の購入に比べて、分散投資によるリスク軽減ができるというのが謳い文句です。

代表的な商品として、「東証株価指数（TOPIX）」に連動するETFがあります。このETFを持っていることで、TOPIX全体に投資をしているのとほぼ同じ効果が得られます。

日銀がETF購入を始めたのは2010年のことでした。物価の安定と金融システムの安定を目指した金融緩和政策の一つとしてスタートしました。

これは世界の中央銀行の中でも異例の政策でした。

ここに一つの問題があったのではないかと思います。


本来、株価というのは、その企業の業績が良い→将来性も高そう→需要が高まり株価が上がるというのが一般的な市場の原理です。

私は、この市場原理を歪めてしまい、日本の株式市場がおかしくなっている一因が、この日銀のＥＴＦ購入にあったと考えています。

一般に、政府が株式を買い上げるということはまずありません。

ところが、２０１０年に実施が始まると、国の中央銀行である日銀が日本株をずっと爆買いし続けます。当時日銀の黒田総裁の主要経済政策（通称〝黒田バズーカ〟）の一つとして購入の上限の拡大が続きました。

結果、日銀はＥＴＦを大量保有することになり、その保有額は時価74兆円（２０２４年３月時点）にのぼると推計されています。

日銀は間接的に多くの日本企業の大株主になっているわけです。

株価が最高値になったことで、日銀は大いに儲かったでしょう。ＥＴＦの配当が日銀の収益の柱になっているとも言われます。

この、いわば〝埋蔵金〟を売却すればさまざまな政策課題解決への財源に充てられます。しか

日本銀行のETFの保有残高（簿価）

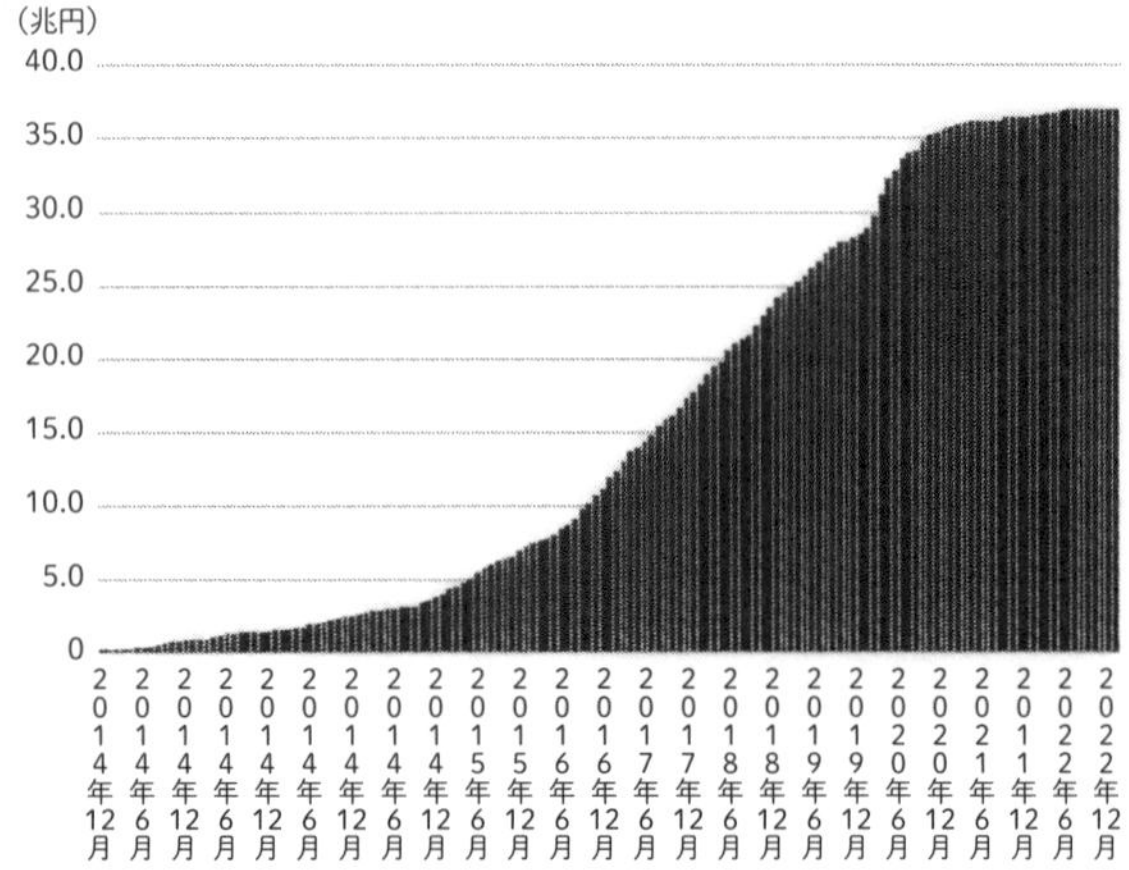

出所　日本銀行

し、すぐにはキャッシュ化できません。急速に売却すれば株式市場がパニックに陥り、ブラックマンデーどころの騒ぎではなくなるからです。

株式市場に配慮してゆっくり売却すると、約170年かかるとも言われています。

2024年3月、日銀はこのETFの新規購入を終了しました。

毎年2％のインフレ率が達成され、物価が安定したという理由で、植田総裁が政策転換を行ったのです。

しかし、巨額の保有ETFを日銀がどうするのかはまだ不確定です。

今の日本株の高値は、日銀がETFを買い支えてきたことによる見かけの株価上昇に過ぎません。

たとえるなら、地盤の基礎工事もまともにやっていないのに、広大な埋立地を作ってしまったようなものです。

また、日本株が一時的に上がっているのは、円安が進んで、海外投資家から見て日本株が割安に見えるという理由もあります。

もう一つはNISA（少額投資非課税制度）の存在です。

NISAは積立で定期的に投資を行う方法で、一定枠までの利益が非課税になります。2024年に始まった新NISAは、年間つみたて投資枠が120万円で、非課税保有限度額は1800万円です。

新NISAが始まって、「非課税なら投資しよう」と手を出してみる方々が増え、これまで株を買わなかった初心者のお金が市場に流れて一時的に株価が上がったのは間違いありません。

多くの人の投資マインドに火をつけたのは、岸田内閣の功績だったとは思います。

一方で、令和のブラックマンデー以降、「新NISAは国の詐欺じゃないの？」といった投稿がSNSで散見されるようにもなりました。

新NISAのことを何も知らずに踊らされ、失敗して株式投資がもっと怖くなってしまった人もいるでしょう。これはとてももったいないことです。

一方で2024年、NISAと同じように税金メリットのある個人型確定拠出年金iDeCo

が〝改悪〟されました。今までは、積み立てたお金の引き出しは、退職金受領後5年経てば税制上有利な退職所得控除を適用できたものが、退職金を受け取った場合、10年経たないと退職所得控除にならないと急に制度が変更されたのです。

契約後、何の同意もなく一方的に受領条件が改悪されるなど、民間企業の契約ではありえない方針転換も起きており、今の優遇課税制度が将来的に保証されるのかも不透明になってきました。いずれにせよ、新NISAスタート直後のような爆発は、今後は起こりにくいでしょう。

株価が上がり続けていれば、さらに多くの人が投資をして株価が上昇するという好循環が生まれ、海外から投資が集まって日本がもっと豊かになる未来があったかもしれません。

しかし、令和のブラックマンデーと日銀の金利政策、iDeCoの改悪によって警戒感が広がってしまいました。

このように、日銀の買い支えもない中抜き工事の土壌があり、株式市場への新規の資金流入も起こりにくくなって、「日本の株式市場って本当に大丈夫なの?」という状況が続いています。

スタグフレーション時代を生き抜くには「外貨換金」一択

ここまでお話ししたように、日本は今経済的にとても大変な時代を迎えており、スタグフレーション的な局面にあるとの見方も出ています。

不況の時は需要が落ち込むのでデフレになるのが普通ですが、原材料価格の高騰などによって物価が上がるのです。

日本では、かつて1970年代のオイルショック時にスタグフレーションが起こりました。

円安の局面でもスタグフレーションが起こる可能性があります。輸入に頼っている品物の値段が円安によって上昇し、輸入価格の高騰がさまざまな業種に影響を与えます。

日本は今、景気が低迷しているのに、円の価値が下がっているので物価上昇が止まりません。

さらに、増税も行われ、かつ不動産投資も株式投資もリスクと考えられる時代に突入しているので、国民はどうすればいいのかわからず立ちすくんでいる状態です。


こうした状況で、投資初心者の方がいちばん最初に打つべき手は何でしょう?

それは、日本円を外貨に換金(両替)して持つこと。これが初心者の方でもすぐ実践できて、資産を減らしにくくする防衛策だと私は考えます。

アメリカドルから始めてもいいですし、少し勉強してフィリピンペソに換金するのもいいでしょう。

円安というのは、外貨に対する円の価値が下がることです。これは逆の視点で見ると、円以外の外貨の価値は上がっているということです。

仮に、ドルに対して円の価値が5％下がり、物価が5％上がったとしても、ドルの価値は5％上がっています。ですから、ドルに換金して持っていれば市場のすべての商品が円の5％割引で買えるということです。

外貨に換金するだけでは利息はつきませんし、現金は火事や盗難で失うリスクはあるかもしれません。しかし、円だけでなく外貨も分散して持っていれば円安時のリスクヘッジになります。

1ドル100円なら「円」で生活、150円なら「ドル」で生活

ここで重要なのは、近年の東京外国為替市場では「振れ幅の大きさ」が目立つようになったことです。

これまで日本が円安になった背景とその行く末について説明してきましたが、最も問題なのは、要人の発言で円が途上国の通貨のように容易に円高にも円安にも変動するようになったことです。

2024年6月には、1ドル＝160円台半ばとなり、円安ドル高の水準を37年半ぶりに更新したというニュースがありました。

そうかと思えば、同年9月にはアメリカの中央銀行が大幅な利下げに踏み切る可能性があるとのことで、円相場が1ドル＝143円台まで値上がりしました。

そのほかにも、国内外の要人の発言一つで、急激な円安、円高が起こります。

強い外貨で決済する

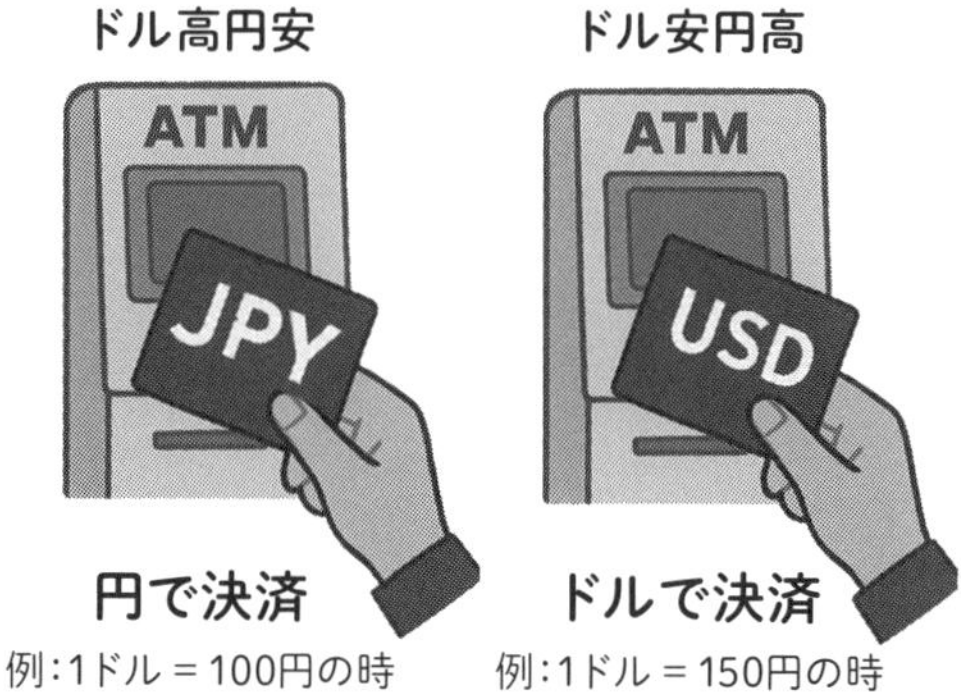

トランプがアメリカ大統領になり、ドル高の是正に踏み切るとも言われています。1ドル＝130円になる可能性も少なくありません。

長期的には円安が進む可能性が高いのですが、短期的にはこのように非常に激しい日本円の上げ下げが行われており、「明日が円安なのか、円高なのか」という見定めが為替のプロにも難しくなってきました。

だからこそ、私がおすすめするのは、円とドルを両方持っておき、円相場に合わせて生活の中でそれぞれ使い分けるという方法です。

たとえば、1ドル100円（円高）なら「円」で生活、150円（円安）なら「ドル」で生活するのです。

日本国内で外貨を決済に使うには、外貨口座を作る必要があります。最近はさまざまな銀行が外貨預金を取り扱っており、簡単に口座を開設することができます。

外貨預金を持っていれば、円預金より高い利息も期待できます。

日本に居住していても、ドルの口座を作った時に銀行が発行した「デビットカード」でお買い物をすれば、ドルでお金が引き落とされます。

たとえば、ボーナスが30万円出たら、20万円は生活資金として円預金で確保し、残りの10万円を外貨預金にする。投資初心者の方は、そうした無理のない運用から始めてみるのが良いでしょう。

今は1ドル約150円台です。

1000円で売られている商品を日本円で買うと1000円ですが、ドル決済では約6・67ドルで済みます。

これが1ドル100円の円高になった時、日本円を使って買うと同じく1000円のところ、ドル決済では10ドルを支払うことになります。

1ドル約150円台の円安の今、ドルを使って払う場合、円高の時と比較して、約33%も安く購入していることになるのです。

海外の銀行のデビットカードを日本で使用する場合、手数料がかかることがあります。それでも円安時には、手数料を差し引いてもドル支払いによる割引率でお得になるケースがほとんどです。

このように、「外貨口座を作る」というひと手間をかけて財布を使い分けるだけで、「毎日、ディスカウント価格でお買い物ができる」のに等しい生活を送れることになるのです。

第2章

外貨投資の第一歩は「外貨両替」から

「負ける外貨」と「勝てる外貨」がある

円の価値が暴落したので、これからは日本円だけではなく、外貨を持つことが大きなリスクヘッジになることはご理解いただけたかと思います。

本章では、外貨投資の中でも最も始めやすい「外貨両替」について説明しましょう。

まず気をつけたいのは、両替にしても投資にしても、外貨なら何でもOKというわけではないことです。

外貨には、「負ける外貨」と「勝てる外貨」があります。

「負ける外貨」は避けなければなりません。気をつけるべき要素は次の3点です。

①円よりも弱い通貨

円の価値が下がったからといって、円よりもさらに弱い通貨を買ってはいけません。たとえば、トルコリラやアルゼンチンペソなどです。

円以上に弱い通貨を持っていても、何の回避にもなりません。むしろ、損をするリスクは大きくなります。

他国の通貨に乗り換える場合、その国が政治的に安定しているか、経済発展しているかといったことが重要になります。政情が不安定だったり、経済が破綻する可能性のある国では、通貨がただの紙切れになってしまう恐れがあります。

また、軍事政権や地政学リスクがある国の通貨も危険です。

軍事政権の例としては、ミャンマーチャットは2021年の軍事クーデター以降、価格を大きく下げています。ジンバブエドル、スーダンポンドなども有名ですが、天然資源や十分な外貨準備高などがない場合、軍事国家は政治的不安定さ、経済政策の未熟さから信頼感が低く値崩れするケースが多いようです。

地政学リスクでは、戦争の絶えない中東諸国の通貨も下落傾向が強くなります。有名どころでは、イランリアル、シリアポンドなどが該当します。現在もガザ地区でイスラエルの始めた戦いが、イラン、イエメン、シリアなどに戦域を拡大しており、過去4度の中東戦争が起きた地域でもあります。政治的に安定しない地域の通貨は下落しやすいのです。

外貨両替は安定した通貨を選ぶ。それが前提条件です。

②両替のタイミング

強い通貨の一つである米ドルに替えようと思った場合、たとえば1米ドル160円のときに両替しても、もしかしたら円高になり、その1米ドルの価値が100円になる可能性もゼロではありません。そうなれば、まとまったお金を米ドルに両替すると大損してしまいます。悪いレートで両替するのと同じです。

ですから、為替レートも注視しておく必要があります。ただ、この辺は初心者には難しいので、一気に換金するのではなくコツコツと両替した方がいいでしょう。

安全なのは「ドルコスト平均法」という投資の仕方です。

これは、常に一定額を定期的・継続的に投資する手法で、株式投資などあらゆる投資に活用できます。

外貨預金にドルコスト平均法を適用した場合、そのメリットは長期にわたって定期的に投資することで為替変動のリスクを軽減でき、最終的に利益を得ることができる可能性があることです。

例えば1ドル＝100円の際に、1200円を一度に両替したら、12ドルになります。ところが為替は変動します。これを3か月にわたって、400円ずつ円→ドルに両替したと仮定します。わかりやすくするために少し極端な事例にしますが、初月は1ドル＝100円、2か月目は80円、3か月目は1ドル105円だったとします。すると、手に入るドルは、1か月目4ドル、2か月目5ドル、3か月目3・8ドル。合計12・8ドル。このように一度にまとめて両替するよりも多くのドルを手にすることができました。一括両替すると為替による損失が出る可能性がありますが、ドルコスト平均法で買う場合、為替に関係なく常に定額購入するので、1ドル＝80円のように円高になるとたくさん外貨を買うことができ、1ドル＝150円のように円安になると逆にブレーキがかかり、購入数を小さくすることができます。為替が読めない初心者の方でも買う時期を分散、コツコツ定額で買うことで、損失を小さくすることができるのです。

③銀行の倒産

最も危ないのは銀行の倒産です。

日本で外貨預金をすれば利息も高いので儲かると思いがちです。ここは盲点なのですが、日本では銀行が破綻したときには1人当たり最大1000万円まで元本保証される法律はあるものの、これは外貨には適用されません。

日本の銀行で外貨預金口座を作るのであれば、倒産リスクの低いメガバンクなどを選ぶことが重要です。

では、「勝てる外貨」とはどういうものでしょうか?

安定している通貨であり、世界的に流通しているアメリカドル（米ドル）がまず挙げられます。外貨投資する場合、まず米ドルは持っておくのが正解です。

アメリカ大統領にトランプが再選し、この4年間は自国中心の保護主義を打ち出していき、アメリカの経済を強くする政策を最優先で行っていくことになるでしょう。

そう考えると、外貨投資は基軸通貨でもあるドルから始めるのが鉄板のやり方です。

ドルへの両替にもタイミングを選びたいものです。

ドルが強すぎるとアメリカ製品が輸出しづらくなります。トランプ大統領はアメリカ製品が売れなくなることを嫌っています。ですから、トランプはどこかでドルを下げるような政策に舵を切るかもしれません。

1ドル120～130円くらいまで円高になったときに、円をドルに替えるのがお勧めです。

ちなみに、私が主催している勉強会では外貨預金も取り上げており、為替や両替タイミングの話にもよく触れています。

アメリカドル以外の世界の主要通貨は？

米ドル以外では、世界の主要通貨と言われるのはどこの国の通貨でしょうか？

一般的には、米ドル、日本円に加えて、ユーロ、イギリスポンド、スイスフラン、カナダドル、オーストラリアドル、ニュージーランドドルの8種類が世界的に取引量も多く、信頼度が高いと言われます。これらの通貨はFXトレードなどでもよく利用されますが、「資産の保全」という視点で考えると、それぞれの弱点も見えてきます。

ユーロは、EU内で共同使用されている通貨であり、現在EU27加盟国の中で20か国が採用しています。ところが問題になっているのは、ユーロ使用国家の経済状況が非常にばらばらなことです。ドイツやオランダ、フィンランドのようにEU経済をけん引する国がユーロを使用している一方、2009年に財務危機を迎えたギリシャ、債務残高がEU内で2番目に高いイタリア、失業率の高いスペインなど財政的に厳しい国を抱えています。

また、経済的に優等生だったドイツも、ロシアへ天然資源を頼っていたため、ウクライナ戦争から始まったロシアへの経済制裁により、打撃を受けており、不安定な側面も目立ちます。

イギリスは、Ｂｒｅｘｉｔ宣言をしてＥＵから離脱し、イギリスポンドへと回帰しました。しかし、政治的不安定さが目立つのと、価格変動が日本円以上に激しく、ＦＸでトレードするならまだしも、資産防衛・分散の意味では、大きく資産を損なう可能性があります。

ヨーロッパ圏内であればスイスフランが、ユーロ、イギリスポンドより安定しています。リスクを抑えるなら、米ドル、日本円、スイスフランへの分散も手堅いと思いますが、スイスは国内市場の規模が小さく、またたびたび政府がスイスフラン高抑制で為替介入をしているので、両替の際は注意が必要です。


では、カナダドル、オーストラリアドル、ニュージーランドドルはどうでしょうか？

これらは先進国通貨の中でも、イギリスポンド以上に価格が大きく動くことで有名です。カナダドルやオーストラリアドルは、資源国通貨とも呼ばれ、原油や天然資源の価格に影響を受けやすい通貨です。オーストラリアは鉱物資源の価格に、カナダドルは原油価格に影響を受けて価格が上下します。イスラエルとイランの戦争が激しさを増しており、原油価格にも大きな影響が出そうな今、カナダドルを購入すると価格の乱高下が激しくなる恐れがありますし、オーストラリアドルも中東緊迫によるリスクが高いと言えます。ニュージーランドドルは、天然資源ではなく主に農産物の価格に左右されますが、貿易相手国のオーストラリアや中国の経済に加えて、天候の影響も受けやすい面があります。世界的に温暖化が進み、農作物の不足が懸念されるので取り扱いには注意が必要です。

リスクを冒して資産を分散するなら、カナダドルやオーストラリアドルも面白いかもしれませんが、価格変動が主要通貨の中でも群を抜いて高いので、いつ両替するのかが非常に大切になります。

ペトロダラー体制が崩壊した今、米ドルは本当に大丈夫？

さて、ここまで世界の主要通貨の比較をしてきました。ＥＵ、イギリス、オーストラリアなど先進国＝安定のイメージがあったかもしれませんが、一概に先進国通貨＝安定通貨とは言えないことはご理解いただけたと思います。であれば、「やはり米ドルだけ持っていればいいのでは？」とお考えになるかもしれません。

しかし実は、世界で脱ドル化の動きが加速しているのをご存じでしょうか？

２０２４年６月、「ペトロダラー体制の終焉」を示唆する大きなニュースがインターネット上で話題になりました。これは絶対に押さえておかなければ、世界の流れを見誤るほどの大きなニュースでした。

そもそも、なぜ米ドルは世界の基軸通貨だったのでしょうか？

1944年7月、第2次世界大戦中、44か国が参加した「ブレトン・ウッズ会議」で、ドルを基軸通貨とする国際通貨体制が確立されました。当時、金1オンス＝35米ドルでドルは固定され、ドルは金に裏打ちされた唯一の通貨として世界的な信頼を得ます。アメリカは当時世界のGDPの約40％を占める経済大国であり、米ドルが国際取引で欠かせない存在となりました。ところが、1971年、アメリカは財政赤字により、この金本位制を廃止することを余儀なくされます。ドルが金に裏づけられた通貨ではなくなった結果、その信頼低下が大きく懸念されました。

そんな時に「オイルショック」が起こります。1973年、石油輸出国機構（OPEC）が石油価格を高騰させて、アメリカや欧州、日本などの石油輸入国は大きな打撃を受けます。そのため各国は、安定的なエネルギー供給網を作ることや産油国との関係性強化が必要になりました。

その1年後、1974年に結ばれたのが「ペトロダラー」体制です。アメリカと、OPECの中心である世界最大の産油国サウジアラビアが、下記の内容で合意しました。

①サウジアラビアが、原油取引をすべて米ドル建てで行うこと
②サウジアラビアはドル収入の一部でアメリカの国債など債券を買うこと
③アメリカはサウジアラビアの安全を保障し、軍事強化協力をすること

この仕組みの確立により、石油取引には米ドルを使用しなければならなくなり、「金に裏付けされてなくてもドルが欲しい」という世界的需要が高まり、信頼性の向上に成功します。さらに、

石油の収益の一部で強制的に米ドルの国債を購入させるという取り決めにより、石油が売れると中東諸国からアメリカにお金が流れ込むという驚くべき仕組みができあがりました。一見、サウジアラビアが不利な内容に思えますが、当時中東では第4次中東戦争が勃発しており、自国の安全保障をサウジアラビアが優先した形となりました。

このように、金本位制廃止後、石油は米ドルの価値を保つのに大きな役割を果たしましたが、ここで歴史が動きます。2024年6月9日に、サウジアラビアは50年にわたる「ペトロダラー体制」を今後継続しない意向を示しました。

理由は大きく3つあると言われています。

1つ目は、サウジアラビアの石油輸出先の変更です。従来はアメリカや欧州中心でしたが、現在最大の輸出先は中国になっており、中国の人民元が石油取引に使用できたほうが利便性の高いことが挙げられます。これはアメリカがシェールガスの掘削技術を革新した「シェール革命」により、サウジアラビアからの石油の輸入を削減したことも背景にあります。

2つ目は、アメリカがイスラエルやイラン問題に集中し、サウジラビアを優先しなくなったこと、またサウジアラビアの人権政策に批判的なアメリカの姿勢により両国の関係が冷却したことも影響しました。

３つ目は、石油収益の一部でアメリカ国債を買う仕組みのデメリットです。ペトロダラー体制を敷くと、米ドルの価格や経済状況が石油価格に影響を与えることもあり、中国やロシアとの関係強化へ路線変更を目論むサウジアラビアにとっては、ペトロダラーがお荷物になったとも言えます。世界的にも再生可能エネルギーの需要が高まっており、サウジアラビアとしてもドルに縛られた石油だけではなくて、脱炭素に向けた新しい収益構造も必要です。

こうしたさまざまな世界情勢の変化により、ペトロダラー体制は終焉を迎えました。サウジアラビアはドル建て以外で石油を販売できることになり、米ドルの信頼を支えた１つの柱が崩れようとしています。そのため今後、米ドルの影響力が弱まる可能性が高まっているのです。

世界で脱ドル化を加速させたロシアへの経済制裁

ペトロダラー体制以外にも米ドルの信頼性を強化してきた仕組みがあります。それが、１９７３年に設立されたＳＷＩＦＴと呼ばれる国際的な金融通信ネットワークです。アメリカ、欧州、アジアなどから２３０以上の銀行が参加して作り上げた国際送金の仕組みであり、これによりスムーズな国際送金が可能となりました。現在では、１１００以上の金融機関が所属し、毎日数十億ドル以上の送金が世界でなされています。ＳＷＩＦＴは米ドル以外でも使用することはできますが、基軸通貨として米ドルが広く使用されており、その利便性からドルへの需要が世界的に高まっています。

ところが、このＳＷＩＦＴの金融機関識別コードをめぐるある政策が、脱ドル化に拍車をかけることになります。そのきっかけが、「ウクライナ戦争」でした。

アメリカとその同盟国は、ウクライナ戦争でロシアに対して強力な経済制裁を行いました。それが、「ロシアをＳＷＩＦＴから排除する」という非常に厳しい措置でした。

過去のＳＷＩＦＴ排除で有名なのは、２０１２年のイランの核開発や２０００年の北朝鮮の核開発と弾道ミサイル開発の懸念への制裁措置です。２０００年以降のスーダンでのテロや２０２１年のミャンマーでの軍事クーデターでも実施されていますが、ブッシュ、オバマ政権時代でもアフガニスタンやイラクに対して、ここまでの厳しい制裁は行いませんでした。

ＳＷＩＦＴから排除されると、国際間の取引が停止し、経済に大きな打撃を与えます。ロシアは、国際金融システムから孤立し、貿易決済や資金調達が困難に陥りました。また、ロシアルーブルの価格も大きく下落することになりました。ところが、このＳＷＩＦＴ排除という強硬な決定が、第三勢力の国々の「脱ドル化」を加速させることになりました。

脱ドル化を加速させるＢＲＩＣＳ諸国

ロシアへのあまりにも厳しい経済政策「ＳＷＩＦＴコードの停止」を受けて、「アメリカに逆らったら自国も排除される」と感じた国々は恐怖におののきました。ＳＷＩＦＴに依存しない決済システムづくりを強化しなければ、いざというときに自国を守れないと脱ドル化の動きが加速し始めたのです。

脱ドル化を目指す組織の中で最も有力なのはＢＲＩＣＳです。

ブラジル、ロシア、インド、中国、南アフリカ共和国によって２００６年に設立された新興経済圏国のグループで、各国の頭文字を取ってＢＲＩＣＳと呼ばれています。

２０２４年１月には、イラン、エジプト、アラブ首長国連邦（ＵＡＥ）、アルゼンチン、エチオピアの５か国が正式加盟して、10か国に拡大しました。現在、ＢＲＩＣＳ加盟国の規模は世界人口の45％（２０２４年10月時点）、世界全体の名目ＧＤＰの約29％（２０２３年の推計値）を占めています。最も重要なのは、ＢＲＩＣＳ諸国が世界の天然資源の多くを保有していることです。世界全体に対して石油は45％、天然ガスは50％、石炭60％、鉄鉱石40％、金25％などを占めており、ＢＲＩＣＳの動向は世界のエネルギー、製造業や物流に多大な影響を与えます。

さらに２０２４年10月、ＢＲＩＣＳは「パートナー国」を創設。インドネシア、マレーシア、ベトナム、タイなどのアジア諸国を含む13か国を招待しました。インドネシアは２０２５年１月にＢＲＩＣＳに正式加盟、マレーシアは加盟申請中。タイ・ベトナムはパートナー国として関与しています。仮にすべてのパートナー国がＢＲＩＣＳに参加した場合、世界に対する名目ＧＤＰは37・

1%、人口は53・5%、天然資源の保有率は41・2%になると言われています（2023年、国際通貨基金［IMF］統計、米国地質調査所［USGS］、国際エネルギー機関［IEA］のデータをもとに推計した世界銀行オープンデータから引用）。

つまり、とんでもない経済圏ができ上がろうとしているのですが、最も重要なのはBRICS加盟諸国が「脱ドル化」を進めていることです。BRICSでは、加盟国によるデジタル決済プラットフォーム「BRICSペイ」の導入を急ぎ、ドルを購入しなくても国際間取引ができるように整備しています。2024年10月にBRICSサミットの一環としてロシアで開かれたBRICSビジネスフォーラムで、BRICSペイのデモ機によるドルなしでの国際送金の実証実験が完了しました。

いずれにしても、米ドルはトランプ大統領の4年間の任期中は短期的には基軸通貨であり続けると思いますが、将来的には後退は避けられない可能性が出てきました。

その時に、「円」でも「米ドル」でもない「第三の通貨」を持っていなければ、あなたの資産が目減りしてしまう可能性があるでしょう。

BRICSペイの将来性はまだ未知数

BRICSペイは、加盟国間ではドルを介さずに自国通貨で直接取引できる新たな国際決済通

対米ドルに対するBRICS諸国の通貨の変動率

通貨（国名）	10年前の価格と現在の価格の変動値	10年間の変動率（2015→2025）
ブラジルレアル（BRL）	82.13%	116%
ロシアルーブル（RUB）	51.7%	177%
インドルピー（INR）	37.81%	41%
中国人民元（CNY）	18.33%	20%
南アフリカランド（ZAR）	59.47%	71%
イランリアル（IRR）	49.95%	57%
エジプトポンド（EGP）	563.08%	572%
アラブ首長国連邦ディルハム（AED）	−0.01%	0%
エチオピアブル（ETB）	541.34%	131%
インドネシアルピア（UDR）	29.34	31%

参考：国際通貨基金（IMF）「Exchange Rate Archives」

対日本円に対するBRICS諸国の通貨の変動率

通貨（国名）	10年前の価格と現在の価格の変動値	10年間の変動率（2015→2025）
ブラジルレアル（BRL）	47.29%	126%
ロシアルーブル（RUB）	22.68%	42%
インドルピー（INR）	11.47%	42%
中国人民元（CNY）	−4.28%	51%
南アフリカランド（ZAR）	28.96%	83%
イランリアル（IRR）	21.14%	79%
エジプトポンド（EGP）	436.21%	468%
アラブ首長国連邦ディルハム（AED）	−19.08%	62%
エチオピアブル（ETB）	418.68%	442%
インドネシアルピア（UDR）	4.43%	53%

参考：国際通貨基金（IMF）「Exchange Rate Archives」

貨として注目されています。重要なのは、ＢＲＩＣＳ内でユーロのような独自の通貨を作るのではなく、ＳＷＦＩＴコードに代わる新しい国際金融インフラの構築を目指していることです。これにより脱ドル化が図られ、たとえば中国人民元で輸入して、南アフリカランドで輸出するといった加盟国内での通貨の分散が可能になります。

次に、世界人口の50％を超える可能性のあるＢＲＩＣＳ正式加盟10か国の、対日本円、対米ドルに対する過去10年の通貨の変動率を見てみましょう。

ここでは、米ドルに対する固定相場制を採用しているサウジアラビアは分散投資の視点から除外していますが、ＢＲＩＣＳ加盟10か国の通貨を対米ドル、対日本円と比較をすると、過去10年の間にいかに激しく暴落しているかがわかります。

改めて、ＢＲＩＣＳの正式加盟国内で問題が顕著な国の通貨を見てみましょう。

前述したとおり、ロシアはウクライナ戦争の経済制裁で目下ロシアルーブルが下落しています。トランプ大統領の誕生で戦争が終結する可能性もありますが、まだ一悶着ありそうです。

イランも、核兵器の製造疑惑から長い間経済制裁を受けており、自国通貨がひたすら下落しています。

エジプトも、外貨準備不足によりドル建て決済が困難になっています。デフォルトのリスクを抱え、IMFの指導の下、2023年には大幅な通貨の切り下げを行いました。

ブラジルレアル、南アフリカランドは、オーストラリアドルのような資源国通貨であり、価格変動が非常に激しいため安定性に欠けます。

インドも、他諸国に比べれば頑張っているものの、輸入依存、貿易赤字に対する高いインフレ率がインドルピーの価値を弱くしています。

頼みの綱の中国の人民元は自由な為替相場でなく、中国政府が厳しく管理しています。人民元の国際化は進んだものの、一人っ子政策による大幅人口減少、現在も続く大型不況と不動産開発会社の倒産などの影響を受け、中国の勢いは落ちるリスクが高まっています。

このように、BRICSは自国に課題を抱えている加盟国がほとんどです。最近は、中東での戦域が拡大し、シリアの軍事政権が崩壊。イラン、アメリカが背後にいるイスラエルとの紛争がより激しくなってきており、きわめて不安定な状況です。BRICSには反米国家もあれば親米国家もあり、一枚岩ではありません。

そもそも、今のところBRICSペイはあくまでも決済手段であって、「通貨」ではありません。ロシア、インド、中国が共通通貨発行を匂わせていますが、トランプ大統領は2024年11月30日に、「共通通貨創設やドル以外の通貨の使用を諦めなければ加盟国に100%の関税をかける」という考えを明らかにし、BRICSを強く牽制しました。

現実問題として、BRICS加盟国でユーロのような共通通貨がすぐにできる可能性は高くはありません。

このように、各国の政治や経済、通貨価値などをよく考える必要があります。さらに、日本に入ってくる情報はアメリカ寄りであり、ＢＲＩＣＳの情報は入ってきにくいという事情もあります。

こうして考えると、日本に居住している方々にとっては、アメリカに近い国の通貨を分散して持っておくのが安全だと言えるでしょう。

アジアなら「小国・共産圏・軍事政権」はアウト

ドル離れが進み、ユーロ圏も景気後退が加速しており、ＢＲＩＣＳペイも将来が見通せません。では、身近なところで経済が安定していて、比較的情報の入りやすい国々はどこでしょう？

そう、アジア諸国です。

「21世紀はアジアの時代」と言われます。

中でも経済成長が著しいのは、東南アジアの国々です。次の表は、アジア各国の対ドル、対日本円に対する過去10年の比較表です。。

ＢＲＩＣＳ諸国に比べるとはるかに対米ドル、対日本円に対して安定的な成果を出しています。

対米ドルに対する東南アジア諸国の通貨の変動率

通貨(国名)	10年前の価格と現在の価格の変動値	10年間の変動率(2015→2025)
インドネシアルピア(IDR)	29.36%	31%
マレーシアリンギット(MYR)	23.27%	36%
フィリピンペソ(PHP)	28.76%	35%
シンガポールドル(SGD)	−0.88%	14%
タイバーツ(THB)	6.01%	29%
ベトナムドン(VND)	19.37%	20%
ミャンマーチャット(MMK)	105%	106%
カンボジアエル(KHR)	−1%	9%
ラオスキープ(LAK)	166%	178%
ブルネイドル(BND)	−1%	14%

参考:国際通貨基金(IMF)「Exchange Rate Archives」

対日本円に対するBRICS諸国の通貨の変動率

通貨(国名)	10年前の価格と現在の価格の変動値	10年間の変動率(2015→2025)
インドネシアルピア(IDR)	4.43%	53%
マレーシアリンギット(MYR)	−0.30%	47%
フィリピンペソ(PHP)	4.12%	41%
シンガポールドル(SGD)	−19.85%	62%
タイバーツ(THB)	−14.28%	63%
ベトナムドン(VND)	−3.48%	44%
ミャンマーチャット(MMK)	66%	104%
カンボジアエル(KHR)	−20%	62%
ラオスキープ(LAK)	115%	143%
ブルネイドル(BND)	−20%	62%

参考:国際通貨基金(IMF)「Exchange Rate Archives」

ただし、ここで気をつけなければならないのは、「小国」「共産圏」「軍事政権」はアウトだということです。

小国

通貨価値が上がるのは国力の強い国だとお話ししました。国力に影響を与える要因の一つは人口であり、人口動態は経済成長と密接につながっています。東南アジアを中心にアジア諸国はなお人口増加が続いていますが、人口が減少に転じた小さな国では経済成長に歯止めがかかり、通貨の成長が止まる恐れがあるので注意が必要です。

シンガポールは小国ながら、税制メリットの優遇による富裕層の呼び込み、大型ハブ空港による利便性の高さという稀有な政策で安定して成長が見込める国で、通貨も安定していますが、ほかのアジア各国は注意が必要です。

金融大国と言われる香港ですが、香港ドルは米ドルに対して固定相場であり、通貨の分散の意味があまりありません。香港は中国の特別行政区にすぎず、中国共産党の支配が強まりつつあり、リスクが高いと言わざるを得ません。台湾は一人当たりGDPが日本を追い抜き勢いがありますが、国土の小ささ、ならびに中国が軍事演習と称して台湾を軍艦で囲むなど台湾有事へ向けた動きがあり、警戒が必要です。

南アジアの事例になりますが、スリランカも小さい国で、中国からの多額な借金により、2022年に深刻な経済危機に陥ってデフォルトとなりました。

カンボジアは投資対象として人気がありますが、人口は1700万人ほどの小さな国です。カンボジアの通貨はリエルですが、不動産などを購入する際はドル建てです。自国の経済が弱いために、ドル建てでないと資金を集められないからです。

マレーシアも順調に経済発展してきましたが、人口は約3000万人でここから人口減少へ入っていきます。地震のない地盤を活かして不動産の大型建設を進めていますが、需要より供給が上回ってしまい値崩れが始まっているので注意が必要です。

共産圏

共産圏の通貨も要注意です。

ベトナムは人口が1億人を突破し、経済規模も拡大しています。

しかし、ベトナムは社会主義国です。経済特区を作って経済発展を推進していますが、国の根本思想は富の公平分配ですし、国の意向で突然政策変更が起こる可能性があります。米ドルや円に対して、一見、価格が動いていないように見えますが、これは政府が価格を統制しているからであり、資本の出入りに制限があります。経済成長の真っ只中ではありますが、国家によるベトナムドンの為替管理で外貨の流動性が制限されているのが惜しいところです。

軍事政権

2021年、ミャンマーの軍事政権が人権侵害により経済制裁を受け、現地の通貨は暴落しました。タイは政情が落ち着いていますが、軍事政権だと言うことを忘れてはいけません。また、民主化に成功したように思われたバングラディシュでは、政権が軍により倒され、首相が国外逃亡する事態が発生しました。バングラディシュは人口が1億人を超えており、人口密度も高く、成長が期待されていましたが、軍事政権に逆戻りしてしまったわけです。

軍が実権を握る国では、政権が倒れると経済が崩壊し、通貨が下落する可能性があります。

宗教も考慮する必要があります。

インドネシアは、世界で最もイスラム教徒が多い国であり、マレーシアも国教がイスラム教です。イスラム教ではローン、投資商品の使用はご法度になっています。

また現在、マレーシアを中心にイスラム法に基づくシャリア金融というものが普及しています。自国の通貨価値が高まる可能性はありますが、利息が禁止されており、外貨に対して厳格になる傾向があります。最近、アメリカが擁護するイスラエルとイランの戦いが激しさを増していますが、インドネシアとマレーシアはＢＲＩＣＳへの参加を表明済みであり、戦争の流れによっては土地が土地だけに宗教対立に発展する可能性もゼロではありません。

こうして消去法で考えてみると、人口増加や経済成長率の伸びが著しく、日本に近く、民主主義で、政情も安定している国・通貨はどこでしょうか？

アジア新興国・地域の実質GDP成長率（前年比）（単位：％）

アジア・新興国・地域	2023年	2024年予測	2025年予測
東南アジア	4.1	4.6	4.7
カンボジア	1.4	3.7	2.8
ブルネイ	5.0	5.8	6.0
インドネシア	5.0	5.0	5.0
ラオス	3.7	4.0	4.0
マレーシア	3.7	4.5	4.6
ミャンマー	0.8	1.2	2.2
フィリピン	**5.6**	**6.0**	**6.2**
シンガポール	1.1	2.4	2.6
タイ	1.9	2.6	3.0
東ティモール	1.9	3.4	4.1
ベトナム	5.0	6.0	6.2

「フィリピン」にほかなりません。

フィリピンの人口は2024年時点で1・15億人、2030年には1・23億人に増加する見込みです。

アジア開発銀行は東南アジア全体の2025年の経済成長率を4・7％と予測していますが、国別ではフィリピンが6・2％でトップです。

日本からは飛行機で約4時間であり、時差もわずか1時間。シンガポールやタイなどと比較しても距離的に近いのがメリットです。アメリカの植民地だった過去もあり、英語が通じます。道路標識や金融手続きの際にも英語が用いられているので、タイやベトナムのように見慣れない文字を学習することも不要です。そして、何よりも大きなメリットは、「フィリピンペソは非常に安定している」珍しい通貨だということです。前述に表を記載しましたが、過去10年、日本円に対してのフィリピンペソの変動率（最高値と最安値から計算）は、東南アジアの通貨の中で最も低く安定しているのがご理解いただけると思います。

なぜ、フィリピンペソは安定した通貨なのか？

アジア諸国の通貨と比較しても、フィリピンペソは過去10年、20年、日本円・米ドルに対して堅調に推移しています。これは、ＯＦＷ（海外出稼ぎ労働者）の存在が非常に大きいです。

現在、首都圏マニラで働く非農業部門の最低賃金は約６４５ペソ。日本円にすると日給１７００円程度です。近年は、物価上昇に応じて毎年人件費が上昇していますが、日本（東京）の場合、日給約９３００円ですから、フィリピンの人件費は5分の1程度になります。

ちなみにアメリカのカリフォルニア州の最低日給は8時間労働の場合、１２４ドルなので約１万９０００円です。フィリピンの人件費はその10分の1程度になります。

しかし、フィリピンの方は英語がとても堪能です。そのため、アメリカやカナダ、イギリス、オーストラリアなどの英語圏に移住して働いたほうが同じ労働時間で何倍も稼げます。

フィリピンの生産労働人口は２０２１年時点で約４２５０万人ですが、出稼ぎ労働者は１０００万人いると言われます。つまり、生産労働人口に対して約25％が海外で働いていることになります。

この際、アメリカで働けば米ドルでの収入、イギリスで働けばイギリスポンドでの収入になるのですが、キリスト教（カトリック）を信仰し家族愛の強いフィリピン人は稼いだ給料の一部を母国の家族へ国際送金しています。

ところが、米ドルやイギリスポンドはフィリピン国内での生活には使えません。そのため、それらの外貨は毎日のようにフィリピンペソに両替されています。つまり、外貨が売られて自国通貨が買い支えられている状況にあるのです。

驚くことにその送金額は、２０２３年度は３３４・91億ペソで、毎年増加傾向にあります。その送金額はフィリピンのＧＤＰの約10％に匹敵します。このように、自国の実需によるフィリピンペソの買い支えが通貨安定に寄与しています。

「外貨両替」のリスクも覚えておこう

円を外貨に換えて保有することを考えた場合、いちばん手っ取り早い手段は「外貨両替」です。海外旅行に行ったことのある人には馴染みが深いでしょう。

アメリカに行くのであれば円をドルに両替しますし、ヨーロッパならユーロに、フィリピンならペソに両替します。

しかし、外貨両替の際に気をつけなければならないことがあります。次の４つです。

①両替手数料と両替レート

両替する際には当然、「両替手数料」がかかります。海外へ行く際に多くの方が経験していると思いますが、銀行や空港で両替すると手数料が割高になります。

「両替レート」も重要です。日本円を外貨に両替する場合は、できるだけレートの高い両替所での両替がお得になります。

最近は日本のビジネスホテルなどにもよく外貨両替機が設置してあり、手数料無料のケースもありますが、両替レートが良くありません。

ですから、旅慣れた人などは海外の現地に着いてから、レートの高い市中の両替所などで両替します。ただ、渡航先によっては日本で両替したほうが有利な場合もあります。

②為替差損

為替レートは刻々と変動しています。両替のタイミングによって生じた利益を「為替差益」、逆に生じた損失を「為替差損」と言います。

たとえば、1ドル100円の円高の時に100円を両替すれば1ドルになります。ところが、1ドル150円の時に両替したら約0・65ドルにしかなりません。約0・35ドル損したことになります。この損失が為替差損です。

このように、為替レートが円安になればなるほど、同じ金額の円に対して為替によっては、少ないドルを手にすることになります。

③泥棒や火事

外貨両替による投資では両替した外貨を現金（紙幣）で保管するので、当然ながら、泥棒に盗まれたり、火事で焼けてしまったりする物理的なリスクがあります。

④古い紙幣が使えなくなる

日本では新紙幣が発行された後も、旧紙幣が引き続き使えます。しかし、海外では一定期間が経つと旧紙幣が使えなくなる国もあります。これはマネーロンダリング防止や犯罪に使われた資金を凍結させるためです。

円を外貨に両替して紙幣のまま持っていても、いずれ使えなくなってしまう可能性があります。

オンラインマネーサービスを利用して安価に両替しよう！

では、外貨両替にはどのような手段があるのでしょうか？

銀行や町中の両替所で両替しても良いのですが、おすすめなのが「Ｗｉｓｅ」という国際送金・外貨両替サービスです。２０１１年に創業された会社で、ロンドン証券取引所に上場しているほか、日本でも金融1種免許を取得しています。

このサービスのメリットは、安価な手数料で世界中の外貨を送金・両替できることです。Ｗｉｓｅはデジタルウォレットとして外貨を保有するという使い方も可能ですし、プリペイド式のマスターカードを発行することもできます。

デジタルカードでも物理カードでも40種類以上の通貨を自由に保管でき、もちろん決済に使用することも可能です。安い手数料で好きな外貨を保管して、利用したい時には、マスターカード利用店舗で使うことができます。

たとえば、1ドル＝100円で両替した後、1ドル＝150円になったとしましょう。この場合はドルの価値が上がっているので、円でモノを買うよりも、ドルで支払うと50％安く買えます。残高をチャージしておく必要はありますが、Ｗｉｓｅカードを利用すれば、安い手数料で外貨を保有できるだけでなく、その時点で強い通貨（価値の高い通貨）で決済できるのでぜひ活用してみましょう。

ちなみに、海外へ行った際にも、日本のクレジッドカードで支払うよりも、Ｗｉｓｅカードに現地通貨を入れておけば手数料を抑えて決済できるのでとても便利です。ただし、Ｗｉｓｅが倒産した場合などは、デジタルウォレットに保管していたお金が引き出せなくなる可能性もあるので注意してください。

手数料の安いＦＸで外貨両替する裏ワザ

外貨両替はもちろん、外貨預金をする際も日本円を外貨に両替する必要があります。その際、最も考慮したいのは為替レートの変動です。

ただし、為替レートが短期的にどう変動するかを予測するのはプロでも難しいものです。

そして、両替手数料をいかに安くするかも重要です。

そこで、お得に外貨へ両替できる方法としておすすめしたいのが、「ＦＸ」を使った両替です。

ＦＸは外国為替証拠金取引の略称で、取引会社に一定の保証金を預け入れることで、自己資金の25倍までの取引ができます。

ＦＸは24時間リアルタイムで取引でき、ＦＸ会社は頻繁に取引してほしいので、手数料を格安に設定しています。

ＦＸは一般に投資で使う人がほとんどですが、実はＦＸ会社によっては「外貨両替サービス」を提供しており、外貨両替用としても使えます。これはＦＸレートを利用して日本円を外貨に交換するサービスです。

必ずしもＦＸ取引を行う必要はありませんが、ＦＸ会社や証券会社に口座を開設しておかなければなりません。口座開設はＷｅｂ上でできますし、国内の多くのＦＸ会社は口座開設・管理の手数料を無料にしています。

このサービスのメリットは、銀行で外貨両替するよりも両替手数料がはるかに安く済むことです。海外の市中の両替所よりも安いでしょう。

FXの外貨両替手数料は、会社によって違いますが、1ドルあたり0・03円〜0・2円です。これに対して、銀行での両替手数料の相場は1ドルあたり3円です。

銀行は外貨両替を本来業務で行っていますが、FX会社は取引をしてもらうためのサービスとして行っているので手数料を格安にしているのです。

ただし、両替した外貨を銀行口座から円で引出す場合には、出金手数料がかかるので、小刻みに両替する場合には向いていません。まとまった金額を一度に両替する際に大きな効果が得られます。

第3章

知らないと損する「外貨預金」と「外貨投資」の最新トレンド

安全で高金利の「外貨預金」がお勧め

ここまで外貨を格安で両替する方法を説明してきました。ただし、外貨に両替して保管しておくだけでは利息は付きません。

単に外貨を補完するのではなく、少しでも増やしたいのであれば、「外貨預金」も視野に入れましょう。銀行に預ければ利息がもらえるので、為替レートが多少円安に傾いたとしてもプラスになる場合もあり、損失が出たとしても為替差損を最小限に抑えることができます。

「外貨預金」というのは、日本円を外国の通貨に換えて預ける預金です。

預入れする時は円を外貨に交換し、払戻しの際は外貨を円に交換します。

外貨預金には普通預金と定期預金があり、それぞれ金利も異なります。

おすすめしたいのは「定期預金」です。

外貨預金は、金融機関で専用の口座を開設すれば、すぐに始めることができます。最も簡単なのが、今あなたが取引している銀行から申し込むやり方です。

では、外貨預金にはどんなメリットがあるのでしょうか?

通貨によって違いますが、一般に外貨預金の金利は円預金に比べて高金利のことが多いので、預けておけばその分の利息が期待できます。

特に、「外貨定期預金」は固定利回り（固定金利）なので契約時のレートから利率が変わりません。株のように、株価の値動きをチェックする必要がなく、放置しておけば銀行がお金を守ってくれますし、利息が増えていきます。また、定期預金の利息だけでなく、タイミングがよければ為替差益を得ることも可能です。

たとえば、1ドル100円の時に100万円、1年満期、年3％の外貨預金に申し込んだとしましょう。円建ての場合このような高い利子はそもそもありませんが、あくまでも一例として説明します。この場合、1年間での利子が3万円付いて、資金が100万円→103万円になります。

では、これを米ドル建ての定期預金にしてみます。100万円申し込み時の為替が1ドル＝100円だったと仮定すると、100万円（1万ドル）の預金の1年間の利子は300ドル（3万円）になります（わかりやすく説明するために両替時の手数料はないものと仮定します）。100万円が103万円に増えたので円建てにした場合と同額です。

ところが、満期時に1ドル＝150円になっていたらどうでしょうか？　元本の100万円は150万円となり、300ドルの利子も1・5倍の4万5000円になります。元本は同じ100万円でも、日本円で引き出せば154万5000円に両替できるのがご理解いただけると思います。

前述しましたが、このように為替の変動により利益が出ることを「為替差益」と言います。つまり、日本円の価値が高い円高のとき（為替が1ドル＝100円など）に円を外貨に両替し、日本円の価値が低い円安の時（為替が1ドル＝150円など）に外貨を日本円に両替すれば、日本円の定期預金よりも、多くの利益を上げることが可能だということです。逆に、1ドル＝100円の時に預金し、1ドル＝50円のときに引き出せば損してしまいます。これを「為替差損」と言います。

このように、できるだけ円高時に外貨を買って、円安時に両替するよう心がけましょう。

また、「外貨定期預金」は最初に決めた預入期間が満了するまで、原則として中途解約や引き出しはできません。預入期間は、1か月、3か月、6か月、1年などから選べます。

一方、「外貨普通預金」は変動金利なので、途中で金利が見直される可能性がありますが、いつでも預入れや引出しができます。

同じ通貨なら、一般に外貨普通預金よりも外貨定期預金の方が高金利です。これは円預金と同様です。

「外貨預金」に潜む4つのリスク

外貨預金は銀行だけでなく一部の証券会社でも扱っていますが、日本の銀行・証券会社での外貨預金を考える際に、気をつけなければならないことがあります。

次の4つのリスクを念頭に置いてください。

①長期運用での金利低下

２０２４年12月、日本の外資系のＳ銀行が米ドル定期預金（３か月）を申し込むと年15％の特別金利がつくキャンペーンを実施しました。

一見すると、日本の銀行に比べればはるかに高金利で、魅力的な投資です。

ただし、問題は、アメリカなど海外の銀行の定期預金は期間が短いものが多いということです。

Ｓ銀行の特別金利キャンペーン対象定期預金も期間が３か月でした。

外貨預金を長期に運用して利益を得たいと思っても、３か月後には金利が一気に下がって、再募集でたとえば４％になるかもしれません。長期的に見ると金利が下がってしまう可能性があり、長期運用には向いていないと言えるでしょう。

②利益を圧迫する手数料

外貨預金を申し込む場合、口座開設や手数料は多くは無料です。ただし、円を外貨に交換する際（預入時）と、外貨を円に戻す際（払戻時）に為替手数料が発生します。手数料は通貨や金融機関によって異なりますが、たとえば1米ドル当たり2銭〜1円程度の手数料が一般的です。せっかく利息を得ても、両替手数料によっては貴重な利子が減額になってしまう可能性があります。

為替の両替手数料を下げる手段は、なるべく長く運用することです。３か月に1回の外貨預金を仮に1年間に４回繰り返すと、預金時と満期時にそれぞれ手数料がとられるので1年間で合計

8回手数料の支払いをしたことになります。一方、仮に3年で運用した場合、預金時と満期時で3年間の間にかかった手数料は2回のみとなり、利子を多く得ることができます。

また、金融機関によってはドル口座を開設することができ、預金時には両替手数料がかかりますが、満期時にはそのままドルのままお金を保管でき、両替手数料がかからないものもあるので上手く利用してみてください。

③為替差損・元本割れ

1ドル150円の時に外貨に換えて預入れたものが1ドル200円になってくれれば、その分の利息も増えるし、お金も貯まります。

しかし、逆に1ドル100円に動いてしまえば、いくら定期預金で短期的に高金利がついたとしても、為替差損が生じてしまいます。為替レートが極端な円高に変動すれば、元本割れのリスクもありますので、ここは気をつけなければなりません。

④金融機関の倒産

最大のリスクは、銀行や証券会社の倒産です。

円預金の場合、金融機関が破綻した場合でも預金保険制度で守られており、1名義あたり元本1000万円までとその利息の払い戻しが保証されています。

しかし、外貨預金は預金保険制度の対象外であり、金融機関が破綻した場合、払い戻しは1円もありません。外貨預金口座を開設する際は、預入れ金額や金融機関の選択には慎重になってください。

米ドル建て外貨預金は日本でどうするの？ おすすめの証券会社

さて、では米ドル建ての外貨預金を組む際には、どの銀行を利用したらいいでしょう？UFJ銀行やみずほ銀行等の大手銀行も米ドルの外貨預金は基本的に取り扱っていますが、高い金利と安い手数料で比較すると、ソニー銀行が非常に優秀です。定期預金の金利は、申し込み時期や金額、年数に応じて変わりますが、ほかの銀行と比べると利率が高く1か月の定期預金でも執筆時点では年10％の米ドルの外貨預金があります。為替の手数料も比較的安く、米ドル以外にもスイスフランや、ユーロ等現在は12個の通貨を選択することが可能であり、一つの口座で管理することが可能です。さらに貯めた外貨は直接、海外へ送金することもできるほか、ATMカードで貯めた外貨をそのまま決済利用することも可能です。残念ながらシンガポールドルの取り扱いは現在ないですが、無料で口座開設できますので、外貨預金を始めたいという場合には非常に優秀な銀行です。ただし、デメリットとしては、ソニー銀行はネット銀行のため、窓口でのサポート等はありません。また、海外送金をする際には、手数料はWISE等と比較すると高くなるのでご注意ください。

フィリピンペソの外貨預金はどうするの？

さて、次にフィリピンペソについて見ていきましょう。

フィリピンペソの場合、米ドルよりも為替が安定していますし、年3%前後の定期預金が一般的なため、シンガポールドルよりも高い金利を得ることが可能です。

ただ、残念ながら日本の銀行でフィリピペソの外貨預金を扱っている銀行はほとんどありません。

BDOやメトロバンク等フィリピンの大手銀行が東京や大阪に出店しているものの、基本的には日本に出稼ぎ労働に来ているフィリピン人の方向けの「送金サービス」がメインであり、口座開設はできません。

東京にあるPNBは銀行口座開設をしていますが、ペソ建ての定期預金は扱っていません。円やドルの定期預金はあるものの金利は非常に低く抑えられています。また、金融規制の強化により昔は発行されたATMカードの発行もなくなったため利便性が大きく落ちてしまいました。

したがって、フィリピンペソの外貨預金はフィリピン現地の銀行で定期預金口座を開設するのが一般的ですが、一昔前は観光客でも誰もが銀行口座を開けたものの、現在は非常に厳しくなり現地の住所や長期滞在ビザが必要になりました。ただ、このハードルを突破できると、実は投資の選択肢が格段に広がります。

外貨預金の利息と為替差益には税金が課される

外貨預金にかかる税金には、「利息に対する税金」と「為替差益に対する税金」があります。

利息に対しては、20・315％（所得税15％、住民税5％、復興特別所得税0・315％）が源泉分離課税されます。日本の金融機関を利用した場合、利息を受け取る段階で源泉徴収されるので確定申告の必要はありません。

一方、少し面倒なのが、為替差益に対する税金です。入金時よりも円安が進んだ場合、利子だけでなく為替差益を得ることができますが、この為替差益は雑所得として総合課税の対象になります。為替差益を含めた、給与所得・退職所得以外の所得が年間20万円以下であれば申告は不要ですが、大口の申し込みをして利益が出た場合にはしっかりと税金を払いましょう。

FXのスワップポイントやレバレッジは危険

そもそも外貨の獲得には、外貨預金のほかに良い投資方法はないのでしょうか？

また、日本円に代わる安定資産として、金や暗号通貨、不動産といった選択肢はどうでしょう？

この点について解説していきます。

まず、外貨の獲得で最初にも思いつくのはFXだと思います。

ＦＸ投資を一度でも行ったことのある方は、「高金利通貨」について聞いたことがあるかもしれません。高金利通貨とは、政策金利などの影響で金利水準が高い国の通貨を指します。有名なものとしては南アフリカランドなどがあります。一方、日本円は低金利なので多くの国の通貨が高金利通貨になります。

高金利通貨と低金利の日本円の組み合わせでＦＸ取引を行った場合、高金利通貨を買って低金利通貨を売ると、金利差分に相当するスワップポイント（スワップ金利）をもらうことができ、頻繁に売買しなくても放置するだけで金利を得ることが可能です。

スワップポイントは、外貨預金における金利と同じようなイメージで捉えられがちですが、実はリスクが全く異なります。

外貨定期預金の場合には、申し込み時に金利が固定され、その国の経済が好調だろうが不調だろうが関係なく固定で利子を得ることが可能です。また、満期が来れば元本もそのまま同額で返金されます（日本円の両替時には為替差損が出る可能性があるので注意）。

ところが、高金利通貨のスワップポイントは金利などに連動して日々変動します。ですから、常に一定の金額が受け取れるわけではありません。

ＦＸ取引で人気の高い南アフリカランドもスワップポイントが毎日のように変動します。最近、日本円の値動きが途上国通貨のように激しく変動することは第１章で説明しましたが、要人の発言や戦争などのリスクで為替は急に動く可能性が高く、高金利通貨であるほどこの値動きは激しくなります。

ＦＸには証拠金（取引を行うためＦＸ口座に預け入れる担保金）がありますが、為替が急落して差損の額が証拠金を上回ってしまい、元本割れを起こす可能性が存在します。

また、ＦＸの中でも最も気をつけなければならないのが「レバレッジ」です。これは、証拠金を担保にして、証拠金以上の取引を行う仕組みです。国内のＦＸ提供会社の場合、最大で証拠金の25倍までレバレッジをかけることができます。これにより、少ない元手でも多くの利益を狙えますが、反面、損失が大きくなってしまうリスクがあります。


たとえば、自己資金が10万円だったとします。1ドルを１００円で購入し、為替が変動して1ドル１１０円の時に売ったとします。この場合、10万円→11万円と10％（1万円）得したことになりますが、レバレッジ25倍をかけた場合、２５０万円分の取引に該当するので、同じ10％の値動きで25万円得をしたことになります。

しかし逆に、1ドル＝90円で売った場合、10万円の取引だけなら1万円の損失で済みますが、レバレッジ25倍の場合には損失が25万円になってしまいます。

損失が証拠金を割り込んだ場合、マイナス分は徴収しないゼロカット保証を行う海外ＦＸ会社も存在しますが、いずれにしても高金利通貨のＦＸ取引は為替変動リスクが大きいので、金利差・スワップポイントで稼ぐとしても、レバレッジはかけないようにしましょう。

「外貨建て保険」で得するのは「円安加速時」のみ

外貨投資では、為替レートの変動リスクがあっても、なるべく安定して外貨を増やせる手段が必要です。

つまり、「外貨建ての収入を持つ」ということです。

その一つに「外貨建て保険」があります。

外貨建て保険というのは、保険料を外貨で払い込み、保険金や解約返戻金を外貨で受け取る保険です。商品によっては円での支払いや受け取りが可能なものもあります。

外貨建て保険で運用されるのは、主に米ドル、ユーロ、オーストラリアドルです。

この外貨建て保険を上手に使うと、円で運用するよりも資産を増やせる可能性があります。

外貨建て保険は、円高と円安によって保険料の払込額や保険金の受取額が変動します。

円高の時に加入すれば保険料は安く済みますが、受取時に円高だと保険金や解約返戻金は少なくなります。

逆に、円安の時に加入すると保険料は高くなりますが、円安時に受け取れば保険金や解約返戻金は多くなります。

つまり、外貨建て保険で得をするのは「円安が加速している時」ということになります。

最近、外貨建て保険の中でも人気があるのは運用型終身保険です。

米ドル建てや豪ドル建てのもの、さらにソニー生命の「世界株式型」など世界株と連動して運用する変額終身保険もあります。変額保険というのは、要するに死亡保障が付いた資産運用商品です。


ただ、多くの方にとってそもそも生命保険に加入する主な目的は死亡時や入院時などの保障です。資産運用のために加入している人は少ないのではないでしょうか。

円安時に解約して返戻金を受け取れば多少の利益にはなりますが、一般に解約返戻金は定期預金と比べても少なく、流動性は低いと言えます。

そもそも生命保険はリスクに備えるためのものです。多くの方は、「自分が亡くなった後に家族、子どもが困らないように」という目的で加入します。

ところが、子どもが成人して自立しても、独身の方でも、なんとなく生命保険に加入している方も少なくありません。

そのお金を別の運用資金に充てるという考え方はできないでしょうか？

保険料として払っているお金を運用し、大切な人のために〝生きたお金〟として活用することもできると思います。

資産運用を目的に、保険料の割高な貯蓄型の保険に入っている方もいるでしょう。しかし、それよりも株式投資や債券投資で増えた利息で、安い保険料で大きな保障を得られる掛け捨て保険に入った方が良いとは思いませんか？

「金」はリスクヘッジになるものの、利益は生まない

通貨ではありませんが、「金（ゴールド）」も円安のリスクヘッジに有効な資産の一つです。金は宝飾品だけでなく、電気を通しやすいので電子機器にも使われており、需要がますます高まっています。一方で、埋蔵量には限りがあります。そのため年々、金相場は高騰を続けています。

通貨の場合、日本では日銀、アメリカならＦＲＢ（連邦準備制度理事会）といった国の中央銀行が管理しています。

ドルや円など法定通貨の問題は、国が借金を返せなくなった時などに、紙幣を無限に印刷して市中に供給できてしまうことです。通貨が大量に出回れば当然価値が下がります。

見方を変えると、「金」は紙幣や株式、債券など〝紙〟の資産に比べて埋蔵量に限界があるため安心な資産と言えるのです。

まず、金というモノ自体に価値があるので、無価値になることはありません。発行国や発行企業の信用や業績によって価値が決まるわけでもありません。

そして、金は国際情勢が不安定な場合でも、価値を保ちやすい傾向があります。戦争などが起こると価格が上昇するので、「有事の金」と呼ばれています。

事実、新型コロナウイルスのパンデミックやウクライナ戦争、中東情勢の悪化で、金価格は上昇しました。

現在、ウクライナ戦争の長期化や中東情勢の先行き不透明感によって、投資逃避先としての金の需要は増しています。金価格は2025年末には史上最高値の1オンス（約31グラム、金貨1枚程度）＝3000ドルになると予想されています。

ただ、トランプ米大統領とプーチン露大統領の接近でウクライナ停戦合意が進み、それを契機としてロシアに埋蔵されている金が市場に出回った場合、短期的には金価格が下落する懸念もあります。

金は、他の資産と組み合わせて保有することで、資産の保険としての役割を果たします。

ただし、金は配当や利息は生みません。この点が外貨預金とのいちばんの違いです。

金の購入方法としては、投資信託のように証券会社で買う方法もありますが、証券会社が倒産した場合、資金が返ってこない可能性もあります。理想的なのは、小さくてもいいので金の実物を持つべきですが、紛失や泥棒に盗まれるリスクもあります。貸金庫に預ける手もありますが、最近の大手銀行の盗難事件などを見ると、それも安心とは言えません。

日本人が買いやすい「ハワイ不動産」のメリット・デメリット

外貨建ての収入を得る手段の一つに、「海外の不動産を持つ」ということがあります。

中でも、世界中の人々が注目しているのが「ハワイ不動産」です。

ドル資産を持つのであればアメリカ本土でも問題はありませんが、ハワイが注目されるのは安定した市場だからです。

ハワイ不動産は、長期的に価値が上がり続け、経済リスクにも強く、資産性が高いと言われています。

ハワイは人が住むことのできる土地区分がわずかしかないので、賃貸需要が高く、保有不動産を賃貸で運用すれば安定的なインカムゲイン（家賃収入）を得ることができます。

また、ハワイ州に不動産を所有する日本人には、日本の税法が適用されます。

しかも、ハワイでは年月とともに土地の値段は下がり、建物の価値は上がります。建物は消耗品であるため、購入費用を経費として計上することができます。

ですから、日本に居住していてハワイ不動産を所有している場合、確定申告で減価償却ができるため大きな節税効果が得られるというメリットもあります。

一方、デメリットもあります。

ハワイの銀行の不動産投資ローンの金利は4％前後です。これは日本の不動産投資ローンの金利の2倍以上です。固定金利ではなく変動金利で借りた場合、返済額がさらにふくらむ可能性もあります。

こうなると、購入物件の実質利回りが3％以上でないと、黒字で維持することは難しくなります。

海外不動産投資の最大のリスクは空室リスクです。入居者がいない場合に家賃収入ゼロの期間が続いてしまいます。ハワイ不動産は築古の物件が多く、修繕費が高くつくというデメリットもあります。

また、物件を割高で買わされてしまうリスクもあります。

皆さん「ハワイ」と聞くと、ワイキキビーチをイメージするかと思いますが、オアフ島ではなくハワイ島などに行くと状況は全然違います。ほとんどジュラシックパークの世界のようなところもあり、当然、不動産価格も全く違います。

この辺は自分で精査する必要がありますが、多少なりとも英語を読み解く力がないと思わぬ落とし穴にはまってしまう危険もあるでしょう。

海外不動産はひとたび購入すると売却の手続きが大変で、流動性が悪いため、投資には慎重を期す必要があります。

アメリカ株（海外株）の配当による外貨収入

海外株式を活用し、その配当で外貨を得ていく方法も考えられます。中でもアメリカ株は、米国経済の規模の大きさ、成長性の高さから高配当が期待できる銘柄が多く、人気が高まっています。

海外株の取引を行うには、証券会社の海外株式取引口座を開設することが必要になります。海外株の投資には新NISA口座を利用することもできます。

アメリカ株では、米国大型株で構成されるS&P500株価指数に連動する投資信託「eMAXIS Slim米国株式」が人気ですが、これは上昇益を狙えるものの、配当金（分配金）は基本的にありません。

配当という形で株投資の利益を得たいのであれば、個別株を買わなければなりません。

初心者にありがちなのは、有名な企業の株を買うことですが、有名企業の株価は高く、業績不振により下落して損をするリスクがあります。また、戦争や経済危機などの有事で真っ先に下がるのは株です。現在は高配当でも、将来的にその企業の業績が悪化すれば、最悪配当がゼロになる可能性もあります。

個別株の株式投資をする場合はしっかりと勉強しないと、資産を失ってしまう恐れがあります。特に2025年3月現在、トランプ大統領の世界各国への相次ぐ関税政策、中東情勢をめぐる社会情勢の不安定さから、アメリカ株を中心に世界の株が下落傾向です。

その企業が黒字か赤字か、実績はどうか、どのくらいの株価が適正なのか、配当はどのくらいかなどを見きわめながら投資しないと、足元をすくわれることにもなりかねません。

暗号通貨は自己資金の1割未満が鉄則

近年、新しく登場したデジタル通貨が「暗号通貨（仮想通貨）」です。

代表的な暗号通貨には、ビットコインやイーサリアム、リップルなどがあります。

ここから外貨を獲得する方法もあります。そのためには暗号通貨を現地法定通貨に交換することになります。ビットコインの場合、暗号通貨取引所を利用し購入する方法が一般的です。

暗号通貨は法定通貨と違い、特定の国や中央銀行などが発行・管理するものではありません。暗号通貨は紙幣や硬貨のように物理的には存在せず、インターネット上の電子データとして存在します。その価値は利用者の信用によって決まります。

多くの暗号通貨には発行枚数の上限があります。ビットコインの場合、総供給量（発行数量）は2100万枚が上限になっています。発行数を制限することで、希少性を保ち、通貨の価値を高めようとしているのです。

また、発行枚数が需要よりも早く供給されるとインフレになるので、ビットコインなどには「半減期」という現象が組み込まれています。これは一定周期ごとに新規発行枚数が半分になる仕組みです。半減期によって新規発行枚数が減っていくことで希少価値が高まり、急激なインフレを抑えて、価格が上昇すると考えられています。

ビットコインはマイニング（採掘）と呼ばれるシステムで発行されます。これは、取引内容をブロックという塊にし、取引を第三者が検証し、鎖のようなブロックチェーンにつなげることで取引内容を確定する作業です。取引を検証した人（マイナー＝採掘者）には報酬が支払われます。取引内容を検証するには強力なコンピュータが必要で、世界中で計算競争が繰り広げられています。

２０２４年、米大統領選でのトランプ勝利後、ビットコインの価格は高騰しました。トランプ米大統領の実施する規制緩和や減税、追加関税などの政策が、米国経済の追い風になると考えられたからです。

さらに、トランプ米大統領は、「米国を世界の暗号通貨の中心地にする」と宣言して、ビットコインを国が保有する方針を打ち出しました。

トランプ勝利を受けてビットコインは約50％上昇。２０２４年12月には、ビットコインの価格が初の10万ドル（１５００万円）を超えて、過去最高値を更新しました。

ただし、ビットコインはじめ暗号通貨には配当がありません。暗号通貨を暗号通貨取引所に貸し出して、その対価として賃借料をもらえるレンディング（貸暗号通貨）というサービスはありますが、コインチェック盗難事件があったように、取引所に置いておくとコインの不正流出のリスクがあります。

最終的に、そこまでのリスクを背負って暗号通貨による投資を行うにしても、日本に住んでいる限り、暗号通貨で出た利益は雑所得に分類されます。しかも、累進課税で税率は最大55％になります。

このあたりは細心の注意を払う必要がありますし、ギャンブル性の高いものなので知識のない方は絶対に手を出してはいけません。

もし、暗号通貨による投資を行うのであれば、自己資金の10％未満に抑えるのが鉄則です。

フィリピン預金・投資なら安全に資産形成できる

ここまで外貨を獲得する方法について、網羅的にお伝えしてきました。それぞれ一長一短のあることがおわかりいただけたかと思います。

リスクを取ってもリターンを期待すると考えるのであれば、どのような方法を選んでいただいてもいいと思います。
しかし少なくとも、初めて海外に投資するという方には、固定利回りの外貨預金（定期）から始めることをおすすめします。

外貨預金なら配当も得られます。為替レートによって差損はあるかもしれませんが、時間さえかければどこかで取り戻せる可能性もあります。

何よりも、株などと違って勉強が不要で、毎日株価などをチェックする必要もありません。口座を開いて外貨を預け入れれば、あとは放置しておくだけで良いのです。

海外の現地で銀行口座を開設することができれば、元本保証などもついてきます。

ただ、アメリカの銀行は、約３４００万円までの預金の元本保証をしていますが、簡単に口座をつくることができません。また、口座を作成できても、小切手文化が残っており、日本と比較すると、オンラインバンキング機能がお粗末なものが多いです。様々な銀行手続きは銀行窓口での対応が求められることが多く、非居住者にとってはあまり使い勝手がよくありません。

トランプ政権下ではアメリカは強くなっていくとは思いますが、長期的には米ドルがどうなっていくかは見通せません。

現在、円安が続き、ドル離れが進みつつあります。ＢＲＩＣＳの台頭もあります。円にしてもドルにしても、西側諸国の基軸通貨だけに頼るのはリスクがあるので、やはり第3の選択肢を持っておくことが必要です。

結論を言うと、最も有望かつ魅力的な投資先は「フィリピン」です。

あまり知られていませんが、ここ10年、フィリピンペソ対円の値動きは、ドル対円よりも小さいという事実があります。

資産の一部をフィリピン預金・投資に回すことで、安心安全な資産形成が可能になります。

では、次章から分散投資先としてのフィリピンの魅力に迫っていきましょう。

第4章

なぜフィリピンは「外貨投資の優等生」なのか？

1億人国家「フィリピン」の経済成長が目覚ましい

発展著しいアジア諸国の中でも、特にフィリピンの経済成長は目覚ましいものがあります。毎年ＧＤＰが前年同期比で６％伸び続けています。驚くべきは、２０２２年のウクライナ戦争で起きた物流網の崩壊で、世界一の経済大国アメリカでさえＧＤＰがマイナスになる一方で、フィリピンのＧＤＰが対前年比７・６％も成長しました。

フィリピンの驚異的な経済成長を支えている要因はいくつかあります。

まず、前述したように、フィリピンの明るい未来を顕著に示しているのが、将来的に長く「人口ボーナス」が見込めるということです。

人口ボーナスは、その国における若い人（15〜64歳）の割合が過半数を超え続ける現象です。一般に、65歳以上の高齢者よりも、労働による固定収入のある若い人のほうが、よりお金を多く使う傾向にあります。そのため、人口ボーナスは経済成長ボーナスとも呼ばれます。

人口増加が著しいアジア各国の中でも、フィリピンは総人口が1億人を超える巨大マーケットであり、平均年齢は26歳と若く、人口ボーナス期間が２０５０年まで続くと予測されています。

フィリピンの人口は急激に増え続けており、２０２８年には日本を抜き、さらに２０９２年まで人口が増え続ける見通しです。

次に、フィリピン国民の消費欲の高さも経済成長を支えています。

その国の国力を示す一人当たりGDPが3000ドルを突破した今のフィリピンには、お金を熱狂的に使おうとする〝風土〟があります。現在のフィリピンの一人当たりGDPは、〝ジャパン・アズ・ナンバーワン〟と言われた日本の高度経済成長期だった1970年代に相当します。


国のインフラ整備もフィリピン国民の消費を後押ししています。

ドゥテルテ前大統領時に掲げられた「ビルド・ビルド・ビルド（BBB）」という大規模インフラ政策を継続・拡大し、2022年に大統領に就任したマルコス大統領は「ビルド・ベター・モア（BBM）」政策を推進しています。

これまでマニラ首都圏は渋滞が大きなネックでしたが、「ルソン経済回廊」と呼ばれるプロジェクトの一環として、マニラ湾を囲むように高速道路や橋の整備が進んでいます。マニラ湾岸も埋め立てが進むほか、フィリピン初の地下鉄やマニラの南北を結ぶ鉄道の建設工事が急ピッチで進められており、利便性が高まり消費がさらに拡大すると予想されています。


マルコス大統領というと、マルコス氏の親が独裁政権を敷いた過去があるため、独裁者一族のようなイメージがありますが、三権分立が機能した民主主義が成立しており、前政権の取った反米親中ではなく、親米政策に立ち戻り、アメリカともうまくやっている印象があります。

特に、経済政策には国内外から関心が高まっています。2024年11月には、企業復興税優遇法の改正法案（クリエイトモア法）に署名。フィリピンの投資環境をより安定させ、海外からの新たな投資呼び込みが推進されるものと期待されています。

フィリピン経済開発庁長官は、2024年11月の記者会見で、フィリピンがこのまま経済成長を続ければ2025年には「上位中所得国」入りする可能性があるとの見通しを示しました。上位中所得国とは、世界銀行の定義に基づいて、一人当たり国民総所得（GNI）が4516ドル～1万4005ドルの国です。

こうした状況を背景に、世界の中でフィリピンの経済的評価はより上がって、為替が強くなり、株式や不動産への投資もますます活発になるという好循環が続いています。

フィリピン経済を支える出稼ぎ労働者からの送金

フィリピンが急激な経済成長を続けていると聞いても、まだ〝途上国〟のイメージがあり、「為替が弱いんじゃないか？」と思っている方も多いのではないでしょうか？

実はそうではありません。

ここ10年ほどの米ドル対円相場は、プラスマイナス62％くらい変動しています。それに対して、米ドル対フィリピンペソではは変動はプラスマイナス35％ほどです。

近年、外国為替市場でフィリピンペソは高水準を続けており、円よりも価格変動が少ない安定した通貨だと考えられています。

フィリピンがほかの東南アジア諸国と圧倒的に違う点は、英語が公用語の一つだということです。

フィリピンには多くの民族がおり、地域によってさまざまな言語が使われてきました。以前は100を超える言語があったとも言われます。さらに、16世紀から300年のスペイン植民地を経て、20世紀に入ってアメリカの統治下となりました。

国の統一には言語が圧倒的に影響力を持ちます。アメリカによる植民地支配が長かったことで、学校教育で英語教育が積極的に進められました。独立後も英語教育は継続されており、人口1億人のうち9割以上は英語を使用します。

また、株式や不動産取引、定期預金などすべての公文書が英語になっています。

この得意な英語を活かして、アメリカやヨーロッパ、中東など海外へ出稼ぎに行くフィリピン人は少なくありません。出稼ぎ労働で母国の最低賃金の10倍以上の年収を得る人もいます。多くは、稼いだ外貨を大切な家族への仕送りに充てます。その年間の送金額は、フィリピンのGDPの約10%、300億米ドル以上です。送金額はアメリカからが最も多く、シンガポール、サウジアラビア、日本と続きます。

2024年 フィリピン人出稼ぎ労働者の国際送金送金国別トップ8

順位	国名	通貨名	送金額（億ドル）	円換算（億円）	シェア（%）
1	アメリカ合衆国	米ドル	140.2	21,030	40.6
2	サウジアラビア	サウジリヤル	22.1	3,315	6.4
3	シンガポール	シンガポールドル	24.8	3,720	7.2
4	日本	日本円	16.9	2,535	4.9
5	イギリス	英ポンド	16.2	2,430	4.7
6	アラブ首長国連邦	UAEディルハム	15.2	2,280	4.4
7	カナダ	カナダドル	12.4	1,860	3.6
8	カタール	カタールリヤル	9.7	1,455	2.8

フィリピン人出稼ぎ労働者の送金額推移（2016年～2024年）

年	送金額（ドル）	送金額（円）	GDP比（%）	前年増加率（%）
2016	28.1億ドル	3,372億円	9.50	4.10
2017	31.3億ドル	3,756億円	10.00	11.45
2018	33.8億ドル	4,056億円	9.60	8.00
2019	35.2億ドル	4,224億円	9.30	4.10
2020	33.2億ドル	3,984億円	9.60	−5.70
2021	34.9億ドル	4,118億円	8.90	5.10
2022	36.1億ドル	4,332億円	8.90	3.40
2023	37.2億ドル	4,464億円	8.94	3.00
2024	38.3億ドル	4,596億円	8.30	3.00

稼いだ米ドルや豪ドル、シンガポールドルなどの外貨はフィリピン国内では使えないので、家族は送金された外貨を売ってフィリピンペソに両替します。こうした行為が日々行われています。

このように、フィリピンペソは出稼ぎ労働者からの送金によって買い支えられているので安定しており、他国の通貨に比べてきわめて暴落しにくいのです。これが大きな強みです。

自己資金1割で高配当株を買えば5年で2倍!?

ビザ不要で日本人がフィリピンへ投資する手段はいくつかあります。

その一つが株式投資です。

詳しくは前著『社畜会社員から資産1億つくった僕がフィリピンの株を推すこれだけの理由』に譲りますが、フィリピン株は2000～3000円から投資可能で、トップ10社でも15万円と、非常に安い金額で投資ができます。

フィリピン取引所に上場しているのはわずか280社ほどと銘柄数が少なく、人口増加や一人当たりGDPの増加に伴って株価上昇が期待できます。

フィリピン株式投資における対象銘柄を、リスク別に4つに分類してわかりやすく説明しましょう。

①ETF

フィリピン版日経平均とも言える「フィリピン総合指数」に対応した主要銘柄30社で構成されるパッケージ株「FMETF」があります。主要銘柄30社はいずれも時価総額1兆円を超える超優良企業（フィリピン財閥）で、株価は安定しています。

この30社に連動するフィリピン総合指数に、仮に30年前に投資していたとすれば、今は資産が900％増えていることになります。100万円の投資で900万円の資産ができているということです。

②大型株

時価総額トップ30社の財閥企業の株です。株価は安定しており大きな変動はありません。配当金は少ない企業が多いですが、株価上昇に伴うキャピタルゲインを狙って保有する人が多くいます。

フィリピン株の銘柄は、10個以上ある財閥に関連するものが多く、それらの財閥はさまざまな事業を展開しています。たとえば、スペイン系財閥のアヤラコーポレーション（AC）は、老舗財閥の一つで、不動産・銀行・通信・エネルギー・水道・ヘルスケアなど多くの事業に携わっています。大手財閥の株の中には年間の配当が10％を超えるような銘柄があるので、最初はこのあたりから始めるのが安心でしょう。

③中型株

上場企業のうち31位～120位の会社の銘柄です。時価総額で200億円から1兆円の間にある企業です。マーケットの影響などで株価の動きも上下します。

2014年、中型株に該当する不動産会社ダブルドラゴン社が株式公開し、2年で40倍という株価急騰を演じました。

ちなみに2024年、ダブルドラゴン社の子会社が米国のナスダックに上場すると発表しました。フィリピン初のナスダック上場となる予定です。

④小型株・IPO株

小型株は、約280社ある上場企業の121位～280位の銘柄で、時価総額は200億円以下の企業です。短期間で上昇する可能性もありますが、上昇後にすぐに下落することもあるので、ある程度のトレード技術が必要になります。

また、IPO株というのは新規株式公開株、つまりこれから新しく上場する銘柄です。現地の証券口座を開設すると、日本に在住していても新規上場の2～3週間前にIPOの抽選会に参加できます。当選すれば、株価が一気に数十倍になることもありますし、一瞬で価格が下落する可能性もあります。

たとえば、大手財閥ジョリビー関連のスーパーマーケットのメリーマート（MM）は、上場後に連日ストップ高。4日で4・5倍に値上がりして成功したIPOとして有名です。

ただし、IPOであれば何でも良いわけではありません。フィリピン一の富裕層ビリヤ氏が手掛けるスーパーマーケット「オールデイ（ALLDY）」は全く逆の動きをしています。上場初日こそ、1・5倍のストップ高になったものの、その後どんどん価格が下がり、現在は株価が上場時の4分の1程度になっています。

外国人でも現地の証券口座を開けば、IPOに申し込めるのはフィリピン株の魅力の一つですが、銘柄を見きわめないと資産を減らす可能性もあるので注意が必要です。

これらフィリピン株の中で最も安全なのは財閥株です。

高配当でキャピタルゲインが得られやすく、財閥株の中には配当利回りが10％を超える企業も存在します。仮に、配当10％の銘柄を買えば、単純に10年で2倍になります。

たとえば、天然資源を持つある企業の財閥株セミララマイニング（SCC）はさらに高配当で、2022年の配当は約17％、2023年が約14％でした。5年間保有すれば配当だけで資産が倍になります。

フィリピン株は高配当で上昇益が期待できますが、新興国株式の投資なのでハイリスク・ハイリターンな投資になります。したがって、投資は余剰資金の1～2割で始めるのがベストです。

フィリピンの不動産投資はマンションよりホテルがお勧め

フィリピンは人口が増加しているので、不動産価格もどんどん上がっています。

フィリピンの場合、そもそも法律で外国人は土地を買うことができません。そのため、必然的にコンドミニアムタイプの不動産を購入することになります。

コンドミニアムとは、複数の住戸が一つの建物に存在する住宅形態の一つ。一般的には、タワーマンションを想像すればわかりやすいでしょう。

フィリピンのコンドミニアムは種類が多く、大きく分けると、居住用不動産、ホテル、オフィスの3種類があります。

中でも、おすすめは「ホテル」です。

1つの部屋を購入し、旅行者やビジネス出張者などにホテルとして貸し出す形態です。

日本人の方が初めて不動産を購入するならホテルが安心です。

一般に、不動産業者は売るために良いことしか言いません。「儲かる」と言われて居住用不動産やオフィスをいざ買ってみたら、「客付けができない」「借り手がいないから二束三文でしか売れない」ということが起こります。

結果、「資産ではなく負債を買ってしまった」という方が少なくありません。

では、なぜホテルがおすすめなのでしょうか？

一つは、エクスペディアやトリップアドバイザーなど世界で名だたる旅行サイトが集客してくれるという利点があります。居住用不動産のように自分で客付けする必要がありません。

さらに、ホテルには「プロフィットシェア」型の物件も存在します。

プロフィットシェアとは、自分の購入した部屋が空室であっても、ホテル全体の稼働率に応じて利益を分配してくれる仕組みです。

ホテル全体の売上を毎月あるいは3か月に1回など、すべてのオーナーで均等割りして分配されるので、空室リスクが極限まで抑えられます。

また、ホテルは基本的に家具付きなので、家具代が物件代に含まれている点もメリットです。居住用不動産のように、家具を揃える際や内装施工で管理会社から水増し請求されるリスクは少ないのです。

ホテルは着実なインカムゲインが得られるとともに、キャピタルゲイン（値上がり益）も期待できます。

ただ近年、マニラ首都圏の物件は高騰してきていて1億円超えも出てきています。日本との距離もますます縮まっているので、郊外やこれから発展する地域の物件が狙い目です。リゾート地として人気のセブ島のビジネス街や経済特別区として多くの企業が進出しているクラーク、2027年に新マニラ国際空港が開港するブラカン州などが候補になるでしょう。不動産について詳しく知りたい方は、私の著書『フィリピン不動産投資術』に詳細を記載していますので、ぜひご一読いただけますと幸いです。

フィリピン預金なら利回りは日本の約350倍

株式投資は小さな額から始められますが、株価の上げ下げに影響されます。

フィリピン株は2008年のリーマンショックから2020年までの約10年間で4・3倍になりました。勢いはあった反面、コロナ禍やウクライナ戦争、金利上昇のあおりを受けて、この5年ほど最高値は更新できていません。

安く買えば大きな利益が出る可能性はありますが、これから株価が上がりそうなのに手放してしまうという初心者の方も少なくありません。当然、高いときに買えば損をします。株式投資にはある程度の勉強が必要でしょう。


一方、ホテルへの不動産投資の場合、計画中の物件であれば月10万円くらいでも購入可能です。マニラ首都圏では小さな物件でも2000万円くらい、セブでも1000万ほどの物件が増えてきています。資産家の方でなければ投資は難しいでしょう。

その点で、小さな一歩ですが、最もハードルが低いのは「フィリピン預金」から始めることです。銀行にもよりますが、定期預金であれば10万ペソから（今のレートで26万円ほど）申し込むことができます。

定期預金は固定利回りで、低くても年２％前後の金利がつきます。金利の高い銀行だと年４〜５％というところもあります。そうなると、為替差損はあるかもしれませんが、利息が３５０倍前後になる可能性もあります。元本保証は、２０２５年４月１日から増額され、１００万ペソ（約２６０万円）までです。

現地で口座を開設すればＡＴＭカードがつくれます。ＡＴＭで入出金もできますし、海外にいながら日本のコンビニやスーパーなどでもお買い物ができます。

フィリピン預金であれば安定的に資産を持つことができますが、銀行口座を開設する際のハードルは「ビザ」が必要だということです。

フィリピンでビザを取ろうとすると、どんなに短期のビザでも最低２〜３か月は現地に滞在しなければつくれません。

フィリピンのＰＮＢ銀行の場合、不動産を購入していればビザなしで口座をつくれますが、ＰＮＢ銀行経由で不動産の支払いをしなければならず、銀行の手数料が膨大になります。また、ＰＮＢ銀行では２０２３年からＡＴＭカードが発行されなくなったので利便性が悪くなってしまった点も注意が必要です。

なお、私の主催している勉強会では、特典としてビザなしでフィリピンの銀行口座をつくるサポートをしています。

「円50%、米ドル30%、フィリピンペソ20%(定期預金)」という黄金律

これまで繰り返しお伝えしてきたように、為替レートは国力の鏡のようなものです。

しかし、これから円安に進むか円高に進むかといった予測はプロでも難しいことです。ウクライナ戦争で円高に進むはずが円安になったのが最たる例です。また、トランプ米大統領はドル高を嫌うと言われており、就任後は円高に進むと思われていましたが、円安基調は変わっていません。

「日本円を持つのはリスク」という話をしてきましたが、日本に住んでいる以上、一定の円を持っていることは大事です。

まずは、資産の50%は円で持つのが良いと思います。米ドルやフィリピンペソが強くても、この3つの通貨を同じくらいの比率で保有するのは行きすぎでしょう。

私が提案したいのは、「円50%、米ドル30%、フィリピンペソ20%」という黄金律です。

トランプ米大統領が再選されたことで、向こう4年間は米ドルが強いと思いますし、まだまだ

ドルは世界の基軸通貨であり続けるでしょう。ですから、米ドルは30％程度持っておきたいところです。

ただ、ＢＲＩＣＳの動きなどを見ていると、アメリカ一強がどこかで変わる恐れもあります。

さらに、日本からアクセスしやすく、英語が通じ、経済成長を続けているフィリピンの通貨ペソを20％ほど持っておくのが賢明です。万が一の時にも預金を引き出すことができます。そう考えると、他のアジア諸国の通貨よりもフィリピンペソを持つのがリスクヘッジの意味で望ましいと思います。定期預金であれば高い利回りがつくことも魅力的です。

持っている資産の多い少ないにかかわらず、このゴールデン・ルールに従うのが基本だと思います。

ただ、たとえば生活資金が月20万円かかり、5万円くらいならぎりぎり貯金ができるという方は、5万円をすべて米ドルやペソに両替してしまうと、いざ日本円が入り用になったときに困ることになります。

あくまでもこの黄金律は、「余剰資金をこのように分散しよう」という前提です。

貯金イコール余剰資金ではありません。万が一のことがあった時に必要になるであろうお金を除いたものが余剰資金です。

生活コストが月30万円だとしたら、30万円×最低半年分は日本円をキャッシュで持っておく。

１８０万円を除いて残ったお金を外貨に変えて定期預金にしておきます。

フィリピンの銀行口座があれば、デビット機能付きATMカードが発行されるので、日本のATMで円での出金も可能ですし、日本のコンビニやスーパーなどで決済利用できるものもあります。

日本よりはるかに高配当のフィリピン国債・社債（公募債）

ここまでは外貨での定期預金についてお話ししてきました。

フィリピンは今、日本の1970年代の高度経済成長期にあり、銀行預金に限らず、すべての金利が日本の50年前と同じくらいに高い状況にあります。

同じ固定利回り商品の中でも、今からお伝えする2つの商品——国債・社債は定期預金よりもレートが上です。

①国債

企業や団体が銀行から資金を借り入れた時に発行される借用証書の一種が債券ですが、そのうち国が発行する債券を「国債」と言います。これは個人でも購入できます。

フィリピンの国債には、満期が91日・182日・364日の短期の財務省短期証券（T－Bill）と、満期が2・3・4・5・7・10・15・25年の固定利付長期財務省証券（T－Bond）があります。

国が破綻した場合は、元本は保証されず、お金が返ってこないリスクがあります。ただ、高度経済成長中の国が破綻するイメージは持ちにくいかと思います。

国債の金利は政策金利によって変動しますが、現在　10年物国債では年に約5〜6％の金利がつきます。これがフィリピンの面白いところで、定期預金の金利は2〜4％であるのに、今は政策金利が高いので国債の方が金利が高いというミラクルが起こっているタイミングです。

国が破綻しないかぎり固定利回りです。日本の国債だと10年物の金利が今、約1％ですから、フィリピン国債は明らかに配当が高いのです。

フィリピン国債は、ビザがあれば銀行の窓口で購入できます。

②社債（公募債）

社債は、企業が資金調達のために発行する債券で、「公募債」と「私募債」というものに分かれます。

「公募債」は、フィリピン証券取引員会が認可した商品であり、大手上場企業を中心に、名前のとおり不特定多数からの公募の手続きを経て発行されます。

元本保証はなく、会社が倒産してしまえば紙切れになってしまうので、国債や定期預金に比べるとリスクは上がります。

しかし、大手財閥系の企業の場合は決算が開示されているので、優良銘柄を選ぶことができます。信用格付けの高い企業では金利年5％前後、最近では年9％という高配当の債権を発行している企業もあります。

「私募債」は、上場していない少人数の企業がお金を集めるための債券で、非認可の場合も少なくありません。利回り年10％を超えるものもありますが、事業倒産リスクが高いので、非常に危険です。

ただし、フィリピンの国債・社債を購入するには基本的にビザを取得しなければなりません。

フィリピン永住権を取得する5つのメリット

株や不動産はビザなしで購入することができます。一方、定期預金、国債・社債は高利回りの魅力的な商品ですが、基本的にビザを取得する必要があり、その手続きは煩雑です。

予算があれば、最も有利なのは永住権を取ることです。

日本のパスポートは世界一強く、多くの国にビザなしで入国できるので、ビザを意識する機会はあまりないでしょう。

しかし、ビザがないと長期滞在や長期就労ができなかったり、金融商品を持つことができなかったりする国も少なくありません。フィリピンもその一つです。

フィリピンには14種類のビザがありますが、中でも最もランクの高いものが永住権を得られるビザです。

永住権を取得するメリットは次の4つです。

①長期滞在・長期就労が可能
②金融商品の選択肢の増加
③課税メリット（とくに相続税）がある
④家族で移住できる

ただし、永住権を得るビザ取得にあたっては詐欺も多いので注意が必要です。

かく言う私も3回ほど詐欺に遭いました。

どこが信用できる業者なのか、どのビザが自分に見合ったものなのかをよく検討する必要があります。

ビザ取得とそのメリットについて、詳しくは次章以降で説明します。

第5章

フィリピンビザを取得すれば資産形成が加速する

ビザ取得で「滞在・投資」がもっと自由になる

フィリピンで投資を行おうと考えている方には、ぜひフィリピンビザの取得をおすすめします。

日本国籍の方が旅行や商用などの目的でフィリピンに入国する場合、30日以内の滞在であればビザは不要です。入国したときに30日間有効の滞在許可が与えられます。

滞在期間を延ばしたければ、フィリピン入国管理局で申請でき、29日間の延長が許可されます。その後も1か月、2か月と申請を繰り返せば、入国から最長36か月まで延長が可能です。

しかし、ビザなしの滞在には、いくつかの制限があります。

そのひとつが、携帯電話の使用です。

SIMカードの利用には政府発行の身分証明書の登録が必要です。犯罪に使われることが多いため、国に届け出をしなければならなくなりました。

観光客として登録した場合、電話番号は30日間しか使えません。その後はSIMカードを再度購入する必要があります。30日以上滞在する場合は、観光ビザの延長証明書があればSIMも延長できます。

なお、フィリピンでSIMカードを使うと、日本での携帯電話番号は一時的に使用できなくなります。もし、同時に使用したいときは、eSIM（物理的なSIMカードが必要ないサービス）

を利用すると便利です。

ビザ取得の必要性を投資の側面で言うと、前述したように株や不動産はビザなしで買うことができますが、銀行の口座を開くことはできません。

口座を開設してＡＴＭカードがあれば、フィリピンに住まなくても日本で決済することができるので、円高のときは円で生活し、対円ペソ高のときはペソで生活するという両刀使いができます。しかし、ビザなしでは口座が開設できないのでペソをキャッシュで持つしかありません。

株や不動産投資はビザなしでもできますが、フィリピンの銀行口座がないと不動産の家賃などは日本の銀行に振り込まれることになるので、為替レートの変動の影響を受けてしまいます。ペソの口座があればそこに格納しておき、ペソのレートが高いときにいつでも引き出すことができます。

このように、銀行口座を開設しないと、資産運用の自由度が狭くなってしまいます。

何らかのビザを取得することで、長期滞在・長期就労が可能になりますし、投資についてももっと自由になります。

安い物価で生活し、余剰資金を増やして投資に回す

そもそも私がフィリピンに移住した理由の一つは、「生活コストが安い」ということでした。日本は欧米に比べれば物価は安いと思うのですが、東京はじめ首都圏は家賃が高いですし、節約しようにも限界があります。

経営者の方はともかく、会社員など一般の方が節税をしようと思っても、せいぜいＮＩＳＡやふるさと納税以外にはその方法がありません。

ビザを取得してフィリピンなど物価の安い国に移住できれば、生活コストをかなり抑えることができます。

今は、円安なので、マニラ首都圏で日本と同レベルの生活をしようとすれば東京並みになってしまっていますが、セブやダバオなど南の方はまだまだ物価は安いのです。

外食は、ローカルなレストランでは５００円も出せば十分食べることができます。食料品では特にお米や夏野菜などはとても安く、日本食も手に入ります。メイドさんを雇っても3～4万円ほど出せば家事全般とベビーシッターも引き受けてもらえます。

こうして月に5万円ほど浮かせることができれば、その分を定期預金などに回すことができます。

お金をコツコツ増やそうと思ったら、ＱＯＬ（生活の質）を下げすぎてもいけませんが、気が

大きくなってつい使ってしまう5000円、1万円を投資に回せば良いのです。

日本で1万円を節約するのは大変ですが、生活コストのかからない国であれば、勝手に余剰資金が増えていきます。


いざ、現実的に移住を考えたとき、いちばん気になるのは家賃ではないでしょうか？

フィリピンの賃貸物件の家賃は、マニラ首都圏は高騰しており、円安の影響もあって20平米のコンドミニアムで月5〜6万円ほどします。それでも、日本と違ってプールやジムが付いたラグジュアリーな生活をすることができます。物件によってはシアタールームやビリヤード台を備えているものもあります。セキュリティガードも常駐しているので安心感がありますし、東京なら20万円超でしょう。

郊外であればもっと安くなりますし、田舎の方はさらに安くなりますが、設備や治安が悪いところも少なくありません。家は「安全を買う」という発想も必要です。

肌の合う方であれば、フィリピンは海外移住のしやすい国だと思います。オンラインで商談もできますし、仕事でも何の不便も感じません。

ぜひ、選択肢の一つとして考えてみてほしいと思います。

定期預金→株式投資→不動産投資のステップアップ

フィリピンで外貨を獲得する投資の方法として、定期預金、株式・債券投資、不動産投資という選択肢があることはおわかりいただけたかと思います。

では、どういう順番で始めればいいのでしょうか？

定期預金の場合にはビザがなければ基本的に銀行口座を作れませんので、ビザなしで高い利回りを求めるのであれば、株式投資から始めてもいいですし、すでにある程度の資産をお持ちであれば不動産投資を手がけるのもいいでしょう。ただし、お伝えしたように一定のリスクは覚悟しなければなりません。

仮に〝臆病者が始める外貨獲得〟という考え方でいくと、やはりスタートを定期預金にした方が安心感は高まります。

フィリピンの株式投資の特徴は財閥株でも数千円で買えるという点ですが、人によってはその数千円でさえ失ってしまうのは嫌だという方もいると思います。

一方、もし１００万円の余剰資金があればそれを定期預金に入れれば年に３万円前後の利息は確実にペソで入ってきます。今のレートで１万１０００ペソ前後くらいです。

これは銘柄によりますが、２〜３社分の財閥株を購入できる額です。究極の話、買った株の価格が下がってゼロになってしまったとしても、もともとなかった利息で投資をしているのでダメージはゼロです。１００万円の元本は残っているわけですから。

ですから、まずは定期預金で確実にインカムゲイン（利息）を得るのが初めの一歩としておすすめです。フィリピンの定期預金は10万ペソ（約26万円）から口座を開くことができます。この最低ラインから始めても、年に８０００円前後は増えていく計算になります。利息はもともとなかったお金だと考えればリスクも取りやすいでしょう。

株の長期運用で安定的な収益を上げようとする場合でも、２倍も狙えるけれども逆に２分の１になるリスクもあるような新規上場株にも投資しやすくなります。何度もトライ＆エラーができます。

最初は定期預金の利息程度の少ない金額で、株式投資の初歩を学びましょう。

株式投資は、短い期間に大きな金額を得ることに非常に長けている資産運用の方法です。ただし、リスクヘッジのための最低限の勉強は必須です。プロでも株価の動きを予測するのは難しいのですから、初心者が安易に手を出し誤操作をして大切な資産を失ってしまうことは避けなければなりません。フィリピン株は時価総額が低く、１日の価格の変動が激しいので、経済発展に伴う株価上昇の長期の視点を持つことが大切です。

学びながら少しずつ株を買っていって収益を上げ、やがて２０００万円くらいの不動産に投資して大きな利益を狙う。これが王道です。不動産投資で年6%の利回りがあれば、毎月10万円前後の安定的な収入を作り続けることができます。

机上の空論かもしれませんが、これを繰り返していって仮に5年に1回くらい不動産を買い増していけば大きな収益につながりますし、もともとの定期預金の額も株式投資も増やすことができるので、安定的な外貨収入を得られるチャンネルが増えていきます。

まずは定期預金と株式投資を並行して続けて少しずつ資産を増やしていき、一定の余剰資金ができたら不動産投資にステップアップする。

外貨投資の道筋としては、こうした考え方が大事だと思います。

余剰資金が1000万円以上あれば債券投資から不動産投資へ

定期預金や株式投資よりもリスクはありますが、一定の余剰資金があるのなら債券投資を始めてもいいと思います。うまくいけば「定期預金の2倍」の利回りを獲得できます。

なお、フィリピンで債券投資を行うには、基本的にビザが必要です。

そもそもの話ですが、投資というのは「お金持ちが勝つゲーム」です。

定期預金の利率は年3%前後ほどですが、すでにお伝えしたとおり企業の公募債であれば年7

〜8％前後の金利も期待できます。

しかし、10万円しか持っていない人が債券投資をしたとしても、インカムゲインは年に8000円にしかなりません。これが1億円持っている人なら、年8％増えれば1年に800万円を手にすることができます。フィリピンに住めば、働かなくても1年間暮らしていける額です。5年の債券であれば、800万円が毎年入り続けます。

投資の面白いところは、元金が増えたときには、働いて人をマネジメントする必要もないし、動かずに放置するだけで「お金がお金を持ってくる」という状態になることです。

フィリピンの債券には3年物、5年物などさまざまな種類があり、永久債というものもあります。それぞれ利回りも、銀行の窓口によっても利率や手数料が違います。

ただし、赤字の企業の債券を買うのは絶対に避けてください。

また、企業の債券はその会社が潰れればただの紙切れになるのでリスクはありますが、しっかりとその会社の財務状況などを分析すればリスクは限りなく抑えられます。

もう少し踏み込むと、利益を得ることができたとしても、半永久的にその利回りがあるかどうかは誰にもわかりません。その企業の業績の悪化などに伴い、利回りが下がってしまう可能性もあります。

弊社では債券の勉強会も行っているので、ご質問いただければ各企業の決算状況なども踏まえて最新情報をお届けすることができます。

債券の良いところは固定利回りであり、すぐに売却できることです。価格は株ほど上昇しないものの、満期が来れば基本的に満額返ってきます。

そこで、債券投資で得られた利益の一部でもよいので、不動産投資に振り分けることができたら、より大きな資産を手にすることができるかもしれません。

不動産は流動性が良くないので売却には時間がかかりますし、修繕費用などがかかりますが、安定したインカムゲイン（家賃収入）を得られるとともに、良いタイミングで売却できれば大きなキャピタルゲイン（売却益）を手にすることができます。

ホテル運用の不動産投資であれば、フィリピン政府も観光客の集客に力を注いでおり、マニラ北部のブラカンで新しい国際空港の建設が進むなどインバウンド誘致が進んでおり、コロナ禍のパンデミック時のような国境規制でも再来しないかぎり、大きな資産を手にすることができるでしょう。

最終的には、債券と不動産の両方を持つことができれば、不労所得が給与を超えることも期待できます。

仮に２０００万円の余剰資金があったとして、年８％利回りの債券を購入すれば１年で１６０万円を手にすることができます。１６０万円を12か月で割ると、月々13万円の利息をもらっている状態です。もちろん、そのままでもいいですが、フィリピン不動産でも、まだ建設されていない計画段階の物件は、月々10万円ほどの支払いで買うことができます。これはプレセールという購入方法です。

つまり、債券の利回りを不動産の分割金に充てていけば、自分の財布は傷まずに不動産を手に入れることができるので、資産運用の効率性がより上がります。

居住者扱いになれば税金が圧倒的に安くなる！

というわけで、ビザを取得して余剰資金を投資していけば安定的に資産を増やせることをお話ししてきました。

しかし、ビザを取ったこともないし、フィリピンに住むかどうかもわからない。ビザを取るメリットが何なのかピンと来ない読者の方も少なくないでしょう。

ここからは、「フィリピン居住」に隠されたさまざまなメリットについてお伝えします。

まず、そもそも本書は、日本の人口が減り、増税が進み、経済が弱くなって、人件費は上がらないのに物価は上昇する。「では、どうすればいいのか?」という疑問がスタートでした。

フィリピンの居住者になれば、これらの問題のほとんどは解決します。

年間183日以上の滞在で居住者扱いになります（183日ルール）。住居（住所）と生活基盤があり、フィリピンでの所得が日本での所得よりも多いのが理想でしょう。

日本における個人所得税の早見表

課税される所得金額	税率	控除額
1,000円から1,949,000円まで	5%	0円
1,950,000円から3,299,000円まで	10%	97,500円
3,300,000円から6,949,000円まで	20%	427,500円
6,950,000円から8,999,000円まで	23%	636,000円
9,000,000円から17,999,000円まで	33%	1,536,000円
18,000,000円から39,999,000円まで	40%	2,796,000円
40,000,000円以上	45%	4,796,000円

居住者扱いになるメリットの最たるものは「税金」が圧倒的に安くなるということです。税金には個人の税金と法人税がありますが、いちばんわかりやすいのは個人の所得税です。

将来的にフィリピンへ移住したとする場合に所得税はどうなるのか？

また、日本に住んで投資をするのと居住地をフィリピンに移して投資をするのとでは、支払う税金にどのくらい差が生まれるのか？

こういった点が気になるところだと思います。

まず、日本は所得税が高すぎます。個人の所得税は累進課税で最大45%、住民税の10%を合わせると最大55%です。年収が１８００万円を超えると税負担が大きくなり、税金で半分ほど持っていかれます。

フィリピンの個人所得税も累進課税で、居住者には累進課税が適用されます。

フィリピンにおける個人所得税

課税所得	税率
0～250,000PHP	0%
250,001～400,000PHP	250,000を 超過している所得に対して15%
400,001～800,000PHP	22,500+400,000を 超過している所得に対して20%
800,001～2,000,000PHP	102,500+800,000を 超過している所得に対して25%
2,000,001～8,000,000PHP	402,500+2,000,000を 超過している所得に対して30%
8,000,001～PHP	2,202,500+8,000,000を 超過している所得に対して35%

少ない所得から累進課税額は上がるのですが、居住者の個人所得税の最高税率は35%です。

今、フィリピンでは大卒の初任給が約1万5000ペソ前後（4万円弱）、マニラで日給が約640ペソ（1800円）です。人件費が日本の5分の1です。ドゥテルテ前政権時に税制改革が行われ、最低賃金で働くフィリピン人は所得税が非課税になっています。

同じだけ働いても、フィリピン居住者の方が手残りの金額は多くなります。

次は、投資に関する税金の話です。

定期預金をペソ建てで組んだ場合の税率は、利息に対して20%です。国債や公募債も同じです。日本の預金や国債、公募債の場合は一律、20・315%なのでほぼ同等です。

なお、ドル口座の定期預金と、ドル建ての国債については、非課税にすることができます。ここは圧倒的なメリットです。

日本と最も違うのは、株式と不動産投資における配当や売却益に対する税金です。

「株式」は、日本では個人の配当金に対する税率は一律20・315％ですが、フィリピンでは非居住者で20％、居住者では10％になります。

株式を売却した場合は売却手数料に対する12％が税金です。12％というと高く聞こえるかもしれませんが、手数料に対する12％なので、実質売却益に対しては実質0・03％程度。ほとんどないに等しい状態です。

このようにフィリピンでは、株式は投資に対する税金が圧倒的に少ないのです。

では、「不動産の売却」についてはどうでしょうか？

日本では所有期間5年以下だと、譲渡所得に対して約40％の譲渡所得税がかかります。5年を超えた不動産の所有では約20％です。

一方、フィリピンで不動産を売却した場合の売却益には、売却価格もしくは公正市場価格のいずれか高い方に6％をかけた税率になります。

損失が出た場合にも税金を払わなければなりませんが、しっかりした不動産を購入すれば、フィリピンは基本的に地価が毎年6%ずつ上がっているので、基本的には6%以上の利益が狙えるわけです。

このように、特に株式と不動産投資ではフィリピン居住者になることで大きな課税メリットが得られます。

「同伴ビザ」で子供たちも0歳から定期預金・債券購入ができる

フィリピンのビザで面白いのは、同伴する家族もビザを取得できるという制度です。

外国人であってもご自身でビザを取得すれば、配偶者、子供もビザを取ることができ、同じ権利が与えられます。

正確に言うと、本人に同伴もしくはフィリピン入国日から6か月以内に合流する配偶者、未婚の子供（21歳未満）1人にもビザが発給されます。これは家族ビザ・同伴ビザと呼ばれます。また、第5章で詳しく説明しますが、本人が永住権などのビザを取得すれば家族（配偶者、未成年・未婚の子供）のビザもカバーされます。

すでにお話ししたように、定期預金を開設する場合、最低一人当たり10万ペソ（26万円）を最初に預け入れなければならないので、配偶者と2人で口座を開設すれば最低20万ペソが必要に

20年間の積立運用シミュレーション

（年利4%・年間10万円）

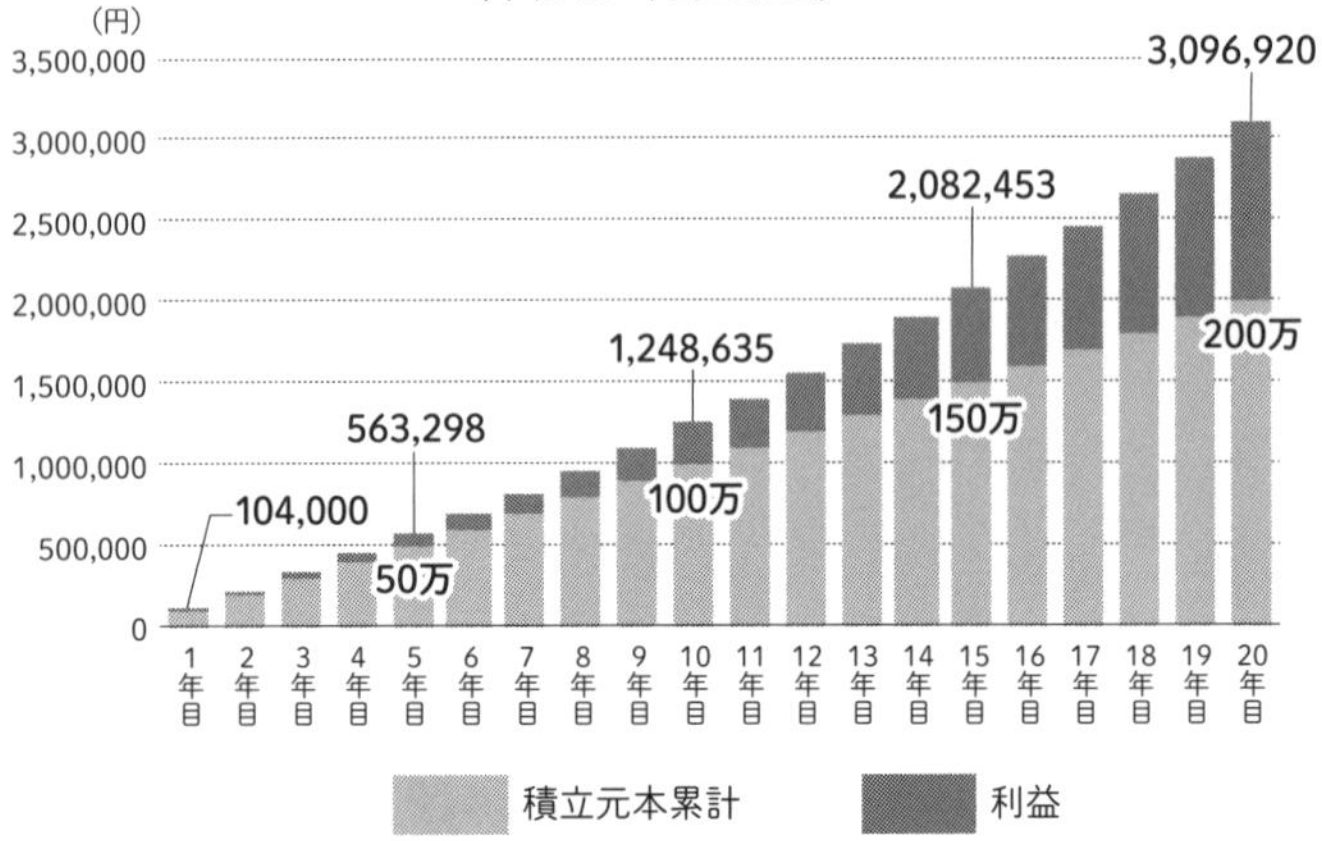

なります。しかし、元本保証額は一人当たり１００万ペソなので、２人で定期預金を組めば元本は２倍の２００万ペソ（５２０万円）まで保証されます。しかも、年２～４％の利息が付きます。

ここは大きなメリットだと思います。

さらに、お子さんが成人に至っていなければ（21歳未満）、保護者監督付きの共同名義で、子供の口座開設が可能な銀行もあります。

子供が成人後は、そのまま親との共同名義のままとするか、子供自身の名義の口座にするかを選べます。

億単位のお金を稼ぐには時間をかけることが安全ですが、個人的にはこの制度を利用することがおすすめです。

０歳の赤ちゃんでも口座を作って定期預金を始められるのですから、その子が成人する頃にはある程度まとまったお金になっています。お年玉やお小遣いを積み立てる、あるいは利息を再投資して、仮に年10万円の貯金をして、年4％の複利で運用し続ければ大学生になる頃には300万円ほどになっているはずです。

その300万円を生活資金に充ててもいいですし、継続して再投資に回せば資産はさらに大きくなるでしょう。

子供が生まれると「この子の将来のために」と、日本の銀行で積立定期預金を始める親御さんも少なくないと思いますが、日本の金融機関で20年貯金をしても利息は微々たるものです。銀行はただお金を置いておく場所ではありません。しっかりと利息の出るところに預けたいものです。

フィリピンでは死亡保険金は非課税、相続税は一律6％

これは最終奥義ですが、移住された方が亡くなった場合の生命保険金や相続税についてもフィリピンはとても恵まれた国です。

日本では生命保険の死亡保険金は「みなし相続財産」とされ、非課税枠を超えた分は相続税の対象になります。

一方フィリピンでは、まず死亡保険金は非課税です。ここは日本との大きな違いで、大切な家族に死亡保険金をまるまる残すことができます（受け取り側が日本在住の場合、日本の税法が適応されるのでご注意ください）。

ただし、ビザがなければ生命保険の契約はできません。

生命保険には資産運用を目的としたものもあります。日本での配当利回りは掛け金の1～2％程度ですが、フィリピンの運用型生命保険の中には掛け金の1・25倍が確約されるものなどもあります。

また、フィリピンは相続税の面でも非常に優遇されています。

日本では相続税は累進課税で、税率はいちばん低いケースで10％（取得財産1000万円以下）、最大55％（取得財産6億円超）です。3回の相続で55％の相続税を払うと、財産はゼロになってしまうとも言われています。

これに対して、フィリピンもかつては累進課税制度をとっていましたが、2018年の法改正で、相続税（遺産税）は相続財産に対して一律6％になりました。遺産額がどれだけ少なくても多くても納める税金はわずか6％です。12回相続しても家族に資産を残すことができます（遺族が日本在住の場合には日本の税法適応になってしまうのでご注意ください）。

これは強みです。日本では貧富の格差を減らすために、相続税を高くすることで富の再分配を図っています。しかし、フィリピンでは富める者は無限に富む仕組みになっています。そして、ビザさえ取得すれば、私たち日本人も同じ権利を得られるのです。

なお、本人がビザを取得していても、死亡すると家族にはビザは適用されなくなり、それぞれが取り直さなければなりません。

弊社では、永住権を相続できるという究極の相続対策のサポートもしております。

第6章

投資家向け「4種類のビザ」取得条件と特徴

フィリピンビザは全15種類、投資家向けは4種類

前章までの説明で、フィリピンで資産形成するには、ビザ取得が大きなアドバンテージになることがご理解いただけたかと思います。

ここからはフィリピンビザについて詳しくお伝えします。

フィリピンのビザは数が多く、全部合わせると15種類になりますが、実用的・長期的の視点で見ると、大きく分けて8種類あります。

クオータービザ、特別投資家ビザ、リタイアメントビザ、アペコ特別永住権、婚姻ビザ、学生ビザ、観光ビザ、就労ビザです。

このうち、観光ビザは別として、婚姻ビザ、学生ビザ、就労ビザはそれぞれ「結婚する」「学ぶ」「働く」という特殊条件下で申請するビザであり、投資を目的とする方の場合は、クオータービザ、特別投資家ビザ、リタイアメントビザ、アペコ特別永住権の4種類が候補になるでしょう。

まず、それぞれのビザの特徴と取得条件などについて説明しましょう。

①クオータービザ永住権（特別割当移住ビザ）

フィリピンでは自国に経済的利益をもたらす外国人に対して、国籍を変えずに永住できる「永

住権」を優先的に与えています。

その一つが「クオータービザ永住権」で、フィリピン政府が毎年50人限定で発給しているビザです。

永住も労働も可能です。結婚や預金などの条件がなく、他のビザに比べて自由度が高いのですが、必要書類も多く取得難易度が高いことで有名です。

取得すると1年間フィリピンに滞在でき、更新手続きをすれば継続して使えます。一度取得すれば、5年間に1回フィリピンを訪れれば維持することができます。


［取得条件］20歳以上で犯罪歴がなく、また必要な医療検査にパスしなければなりません。初回申請時にはフィリピン政府が認めた銀行に5万USドル以上の残高証明が必要です。

［費用］約2万ペソ

②特別投資家ビザ（SIRV）

フィリピン投資委員会（BOI）が所管する投資家を対象にした長期滞在ビザです。

株式投資やコンドミニアム購入など一定額以上の投資を続けている限り滞在できるので、実質的に永住することも可能です。毎年の更新が必要です。

［取得条件］21歳以上の投資家で、7万5000US以上の投資をする方が対象になります。

【費用】300USドル相当のペソ

③リタイアメントビザ（SRRV：特別居住退職者ビザ）

フィリピンへの長期滞在や永住を目的とする人に、フィリピン退職庁の管轄で発給されるビザです。必要書類は多いのですが、このビザを取ればフィリピン国内での滞在は無制限で、就労も日数制限なしでできます。発給まで2か月ほどかかり、申請時に最低でも1か月以上の滞在が必要です。

配偶者と子供のビザもカバーされます。

世界の中でもかなり優遇されているビザ、永住権を取得しやすいビザとして有名です。

【取得条件】以前は35歳以上で取得できましたが、2021年5月から年齢要件が50歳以上に変更になりました。フィリピン国内外での無犯罪証明書が必要になります。

【費用】1400USドルの申請料金と、1年間に360USドルの年会費（維持費）がかかります。

リタイアメントビザは、条件によって次の3種類に区分されており、一定額をフィリピン退職庁の指定銀行口座に預託金として定期預金をする必要があります。

（1）SRRV CLASSIC＝年金未受給者は2万USドル、年金受給者は1万USドル

（2）SRRV SMILE＝2万USドル
（3）SRRV HUMAN TOUCH＝1万USドル

なお、ビザを放棄すれば預託金は戻ってきます。

④アペコ特別永住権プログラム（ASRV）

ルソン島中東部のオーロラ特別経済区の経済振興プログラムに参加することで取得できる特別永住権です。

若い年齢でも取得でき、永住者と同様に就労の制限はありません。

支払った費用は戻らず、実質的にお金でビザを買う形です。

［取得条件］年齢制限はありません。プロジェクト開発投資が必要になります。

［費用］2万USドルの投資と150～200万円の登録費、240USドルの年会費がかかります。

⑤婚姻ビザ（結婚用・永住移住ビザ）

フィリピン人と結婚することで取得可能になるビザです。

一般に、申請から発給までに時間がかかります。半年から1年かかるケースもあります。ビザ取得のために偽装結婚する人が未だに多いことも審査に時間のかかる要因でしょう。

［取得条件］18歳以上でフィリピン国籍の人と結婚していることが条件です。ただし、20歳未満の場合は保護者の同意が必要です。

［費用］1500～2500ペソ（裁判所で行う結婚セレモニー費用）

なお、フィリピン国籍の人と結婚しているけれども、婚姻ビザを所持していない外国人が申請できる「バリクバヤンビザ」（結婚用一時滞在ビザ）というものもあります。フィリピン人配偶者と同伴で入国することを条件に発給されます。滞在期間は1年で延長はできません。

⑥学生ビザ

フィリピンに留学して、国内の大学や専門学校などの教育機関で就学するためのビザです。語学学校への30日以内の短期留学の場合は取得不要です。長期で学ぶ場合には、入国後に特別留学許可（SSP）の取得が必要です。

［取得条件］18歳以上の外国籍で、大学または高等学校以上の教育機関への留学者。

［費用］フィリピン留学の滞在期間で費用が異なります。1か月未満は無料、59日まで3600ペソ、89日まで8300ペソ、119日まで1万1300ペソ、149日まで

1万4300ペソ、179日まで1万7200ペソがかかります。

⑦観光ビザ

観光や一般商用、研修などを目的に一時滞在する人のためのビザです。

30日以内の滞在はビザ不要ですが、それを超える場合は観光ビザが必要です。59日以内の滞在が許可されます。期限付きですが、延長申請も可能です。

［取得条件］発行1か月以内の預金残高証明書（30万円以上）が必要になります。

［費用］費用は滞在期間によって異なります。59日以内4140ペソ、89日以内9550ペソ、110日以内1万2990ペソ。観光ビザを延長する場合は、1回目4140ペソ、2回目5410ペソ、3回目3440ペソがそれぞれかかります。

他に、特別就学許可証の申請費も必要になります。

⑧就労ビザ

フィリピンで働くために申請・取得が必要になるビザです。

基本的には企業の駐在員や現地採用などが対象で、フィリピンの会社を通して申請することになります。

申請から取得まで3～6か月ほどの時間がかかります。

就労ビザには次の3種類あります。

(1) 9Gビザ（就労ビザ）

フィリピンでの長期就労を目的に入国する外国人に与えられる最も一般的な就労ビザです。有効期間は3年間で、更新も可能です。ただし、業務がフィリピンの利益になると入国管理局から認められることが条件になります。雇用契約のある外国人に加え、同伴者や子供にも発給されます。

9Gビザを申請中に働きたい人は、特別就労許可証（SWP）を取得する必要があります。

(2) 9Dビザ（商用ビジネスビザ）

フィリピンと日本の間で取引するフィリピン企業に勤める人、フィリピンで投資をする事業を運営する人が対象です。ただし、現地で報酬を受け取る労働活動はできません。

有効期限は2年間で、更新可能です。

(3) PEZAビザ（47A2）

フィリピン投資委員会とフィリピン経済特区庁の登録企業で働く外国人のためのビザです。1年間有効で更新可能です。

就労ビザ（特に9Gビザ）の更新手続きは、遅くとも有効期限の3か月前までに行わなければ

フィリピンの全15種類のVISAと5種類の特別許可証

30日間無査証短期滞在	
観光査証	TOURIST VISA(9A) ・SSP 特別就学許可証 (Special Study Permit) ・ECC 出国許可証 (Emigration Clearance Certificate) ・ACR I-CARD 外国人登録証 (Alien Certificate of Registration)
学生査証	STUDENT VISA(9F)
就労査証	WORK VISA(9G) ・AEP 外国人雇用許可証 (Alien Employment Permit) ・SWP 特別労働許可証 (Special Work Permit)
商用ビジネス査証	TREATY TRADERS VISA
ロングステイ査証	SPECIAL RESIDENT VISITORS VISA(SRVV)
特別永住権査証	SPECIAL RESIDENT RETIREE' S VISA(SRRV)
特別投資家査証	SPECIAL INVESTMENT' S RESIDENCE VISA(SIRV)
特定産業投資査証	
条約投資家査証	TREATY TRADERS VISA
雇用創出特別査証	SPECIAL VISA FOR EMPLOYMENT GENERATION(SVEG)
特別割当移住査証	QUOTA IMMIGRANT VISA
結婚用・永住移住査証	NON-QUOTA IMMIGRATE VISA(13A)
バリックバヤン査証	BALIK-BAYAN VISA
アペコ特別永住権	APECO SPECIAL RESIDENT VISA

なりません。

なお、フィリピンで働くには、就労ビザのほかに、外国人雇用許可証（ＡＥＰ）と外国人登録書（ＡＣＲ Ｉ－Ｃａｒｄ）が必要になります。

また、フリーランス（個人事業主）の場合は、現地に法人を作り、そこからビザを申請するという方法があります。

ただし、フィリピンには「ネガティブ外資規制」というものがあり、外国人が現地法人を設立する際、外国人の出資比率が40％に制限される業種が少なくありません。

最近はこの適用を受けずに、１００％外国資本でフィリピン現地法人を設立できる方法も存在しますが、現地法人設立はハードルが高いのでできれば避けた方が良いというのが私の見解です。

投資家向けビザのメリット・デメリット

投資家向けビザは4種類とお伝えしましたが、それぞれメリットとデメリットがあります。裏情報も含め、改めて説明しましょう。

①クオータービザ・永住権

いちばん古くからある永住権ビザですが、最も気をつけてほしいのがこのクオータービザです。

50人限定ですが、その枠は公平ではないようです。取得するには取得サポート業者に依頼することになるのですが、そのエージェンシーの力関係で枠を押さえられており、金払いのいい中国人に優先的に回されるという噂もあります。

そして、いちばん怖いのはその業者による詐欺が多いことです。

取得サポート業者はそれなりに関係各所とのコネクションがありますが、サポート料金を持ち逃げしたり、法外なサポート費用を請求したりする詐欺トラブルが発生しています。最初は手付金として平均50～100万円を払いますが、それがだんだんと増えていき最終的に300～400万円を要求されることが当たり前になっています。

かく言う私もこれに2回ほど騙されました。どこまでビザ発給が進んでいるのかが知らされず、サポート費用を持ち逃げされたことも一度あります。

また、発給までに2年以上かかることも少なくありません。

ビザ取得の相談に行って、クオータビザの話が出た場合には過去の実績や、現在進行中のケース、トータルでかかる金額等しっかり確認することをおすすめします。

②特別投資家ビザ（SIRV）

取得する人はそれほど多くはありません。

不動産投資にしても株式投資にしても、必要投資額の7万5000USドルが必要ですが、対象の株の価格が下落したり、優良な不動産を買わないと負債を抱えてしまうことになりかねません。

よほどの目利き力がなければ、投資どころか負債を抱えてしまうことにもなりかねません。

これもビザ取得には半年から1年以上かかると言われていますし、ビザ取得について詳しい代理店があまりありません。

③リタイアメントビザ（SRRV）

投資のために取得するには最もおすすめのビザです。

このビザは入国管理局ではなく、退職庁が管轄しているので、取得サポート業者との癒着は比較的少なく透明性の高いビザです。

取得コストも安く、2万USドルの預託金を投資に回すこともできます。

最短1～2か月で取得できることが多く、条件が合えばリタイアメントビザは他のビザに比べてメリットが最も大きいでしょう。

ただし、前述したように、以前は35歳以上であれば取得できたのですが、今は50歳以上という条件になってしまいました。

その理由は、コロナ禍のときに、中国人がリタイアメントビザを偽造して入国していたらしく、ビザ発給要件が厳格化されたのです。

ともかく、ネックは年齢要件と、取得のために1～2か月ほどフィリピンに滞在しなければならないということでしょう。今後の取得年齢の引き下げ、引き下げについては未定です。

なお、リタイアメントビザという名称がついていますが、このビザを取って、労働許可証を取得すれば働くことも可能です。

④アペコ特別永住権プログラム

このビザのメリットは昔は4泊5日で取得できたようですが、現在は約1か月のフィリピン滞在が必要です。

取得するための代理店は日本の某社が独占しており、取得費用が5万8000USドルとかなり高くなっています。日本円にすると約1000万円であり、ビザを返納しても返ってきません。それだけの資金があれば、他の投資へ回した方がはるかにメリットは大きいと思います。オーロラ州という経済特区に付帯されるビザですが、マニラから距離も遠く開発の遅れも心配されています。ほかのビザに比べて新しくできたもので、ルール改正や最新情報にご注意ください。

ビザ発給をめぐるトラブルの数々

合計15種類の中のどのビザを申請するにしても、一つ肝に銘じておきたいことがあります。

それは、フィリピンでは申請してから発給されるまで相当に時間のかかるケースが多いことです。

フィリピンのビザの審査期間は、建前としては申請書類を受け取ってから2週間程度とされています。

しかし、追加書類の提出や関係機関への照会などで、数週間から数か月かかることもざらです。ビザの更新手続きにはさらに時間がかかります。

ビザを取得する際、エージェンシーに依頼する方が多いのですが、そのエージェンシーの仕事が遅すぎるのか、フィリピン入国管理局の仕事が遅すぎるのか実態は不明です。

さらに、真っ当に就労ビザを取ろうと思ってもずるずる引き延ばされて、場合によってはアンダーマネーの話が出てくることさえあります。

また、就労ビザは1年更新、2年更新、3年更新から選べますが、更新手続きに時間がかかれば、その間の3〜4か月、パスポートが預けっぱなしになってしまうという不便さもあります。急な海外出張が入った場合など、パスポートを返してもらうのに入国管理局に出向いて一日中待たされます。そして、出国して帰ってくると、ビザの更新手続きをまた最初からやり直さなければならない羽目になることもあります。

こう考えると、更新頻度の高いビザを持つということは、フィリピンでは大きなリスクになります。

フィリピンはそういう風土であることを覚えておいて、自分に合った適切なビザを選んでいただきたいと思います。

フィリピンビザを取得しても日本国籍はなくならない

フィリピンで永住権やビザを取ると、「自分は日本人ではなくなってしまうのでは」と思っていませんか？

そんなことはありません。フィリピンビザを取得しても日本の国籍はなくなりません。働く権利や各種金融商品への申し込み権利等がもらえるだけです。

日本国籍なので日本の健康保険証なども使えますし、日本企業からの役員報酬や給料は、日本の税務署に申告します。

世界各国へ行っても、「あなたはフィリピン人だから入国できません」ということはありません。

永住権を取っても、フィリピン人になったわけではありません。外国人に特別な就労許可証とか、長期滞在証、金融機関に口座を開設できるなど、日本国籍のパスポートに特別な許可証が貼られているという状態です。

この国では永住権を持っていても、外国人はあくまでも外国人です。ですから、永住権を取ったとしても土地を購入することはできませんし、出資規制の対象にもなります。選挙権もありません。

また、永住権ビザは、リタイアメントビザにしてもクオータービザにしても、毎年1回の更新が必要です。ただ、ビザによっては5年更新のものもあります。

ビザは将来的に国の政策などによって維持条件が変わってくることもあります。しかし、一度取得しておけば優遇されることも多いので、取っておいて損はないでしょう。

フィリピンビザを申請する際の注意

ビザを取得する場合、特に英語が得意ではない人は、基本的には代理店に依頼した方が早いでしょう。

直接フィリピンに来て、賃貸物件はパスポートがあれば借りられます。ビザは必要ありません。物件を契約して、それから移民局への申請を始めるケースが多いと思います。マニラ内にあるマラテの本局は混雑していることが多いですが、観光ビザなどの延長であれば外国人の多いBGC（ボニファシオ・グローバル・シティ）などにサテライトオフィスがあるのでこちらで更新手続きも可能です。

しかし、現地で申請するとトラブルが多く、混みすぎていてどこに並んでいいかわかりません。

まともな案内もありません。

ビザの詐欺も多いので、基本的に政府から認可されているエージェントで、公式な担当者を通した方が良いと思います。

ビザは誰を経由して申し込むかによって、取得までの時間が全く違ってきます。

公式にビザ申請業務を行っている日系の企業もありますし、実績のある会社に頼むのがとても大事だと思います。

「俺の友人がやってくれるから」という誘い文句には注意した方がいいでしょう。移民局の担当者はよく変わるのでコネが通じないこともありますし、アンダーマネーを要求されたり、費用をネコババされる恐れもあります、

ちなみに、弊社も長年の粘り強い交渉により、7万5000ドル以上の投資で、4泊5日でフィリピンの永住権を可能にするサービスを開始しました。お手伝いが必要な方はお声がけください。

フィリピン人と結婚すれば婚姻ビザが取得できる

フィリピン人と結婚すれば婚姻ビザが取れます。

一般的な婚姻ビザは他のビザに比べて費用が安いことが最大のメリットです。このビザを持っていればフィリピンでの就労も可能になります。

ただ、2国間の結婚になるので発給まで時間のかかることがデメリットです。また、フィリピ

ンに多いカトリック教徒は基本的に「離婚すること」ができません。そのため、ご結婚された方と険悪な関係になった場合には、大きなトラブルに発展することがあります。

また、フィリピン人と結婚したものの、親族の生活費などのお金を無心されて苦労している日本人も少なくありません。安易に結婚すると資産が増えるどころか減ってしまうことにもなりかねません。

本当にビザ取得は必要なのか？

では、そもそも本当にビザ取得は必要なのでしょうか？

フィリピンが嫌いで住むつもりもないのであれば、もちろん取る必要はありません。

フィリピンでは、旅行者は30日以内であればビザなしで滞在できますし、更新も可能です。一度出国してしまえばまたリセットされます。

私は10年前にフィリピンに来て就労も投資もしていますし、家族もいたのでどうしてもビザが必要でした。

ただ、一般の人は正直、ビザを持つ必要がないというのがこれまでの俗説でした。

永住権ビザはいろいろ問題のあるものが多く、私自身も騙されているので、永住権を取りたいという方には「ちょっと待った方がいい」とむしろ止めていました。

ただ、今はまったく別の考えを持っています。　私が本当の意味でフィリピンの永住権ビザの威力を実感したのは、あの新型コロナウイルス感染症のパンデミックの時でした。

東南アジアで最初にロックダウンを実施したのがフィリピンです。

私は趣味で冒険家をしており、世界の山を登ったり、トライアスロンのアイアンレースを完走してみたり、プライベートでも活動的に動いています。

2020年3月、私はアフリカ最高峰のキリマンジャロを登山中でした。

約10日間にわたる挑戦であり、当然電波が入らないので、日常から切り離された生活をしていたのですが、いざ下山するとドゥテルテ大統領が国境を閉じてしまっており、就労ビザを持っていたにもかかわらず、入国できませんでした。家族はフィリピンに取り残された状態でした（私の妻は日本人のため、婚姻ビザではなく就労ビザを取得しておりました）。

大使館など伝手を頼って入国の交渉をしましたが、全くダメでした。

また、コロナの1年半の間に起こったのが、銀行口座の凍結でした。私は幸い英語が話せたので説明することができましたが、英語のできない方だったらどうしようもなかったと思います。

パンデミック時には多くの日本人がフィリピンから日本へ帰国しました。1年半も再入国ができないとは思っていなかったからです。

しかし実は、あの時永住権ビザを持っている人だけは、日本人でも国境を行き来できたのです。

やはり、ビザは大事だとつくづく思いました。

ビザの恩恵はたしかにあります。特に、資産をしっかり増やしていきたいと思うのであれば、ビザを取得するに越したことはないでしょう。

第7章

リスクを正しく恐れれば「外貨投資」は怖くない！

トラブルにさえ気を付ければフィリピン外貨投資は超安全

ビザを取るのはハードルが高いと感じるかもしれませんが、そこを突破すればフィリピンの定期預金は固定利回り年3％前後を得ることができます。国債や公募債であれば、この2、3倍の利息を得られるので、一定の資産をお持ちの方であれば、そのメリットは大きいでしょう。

定期預金の良いところは不勉強でも運用できることです。初心者の方がいちばん最初に外貨投資をするには相応しい方法です。

ただ一方で、日本人の悪しきところは銀行と聞いただけで無条件に安心してしまうことです。海外では相手が法律や知識を知らないことを手玉に取って、巧妙に仕掛けられた詐欺がたくさん出てきています。

ここからは私の身の回りで起こったトラブルをお伝えしていきます。これを参考に、ぜひ細心の注意を払ってほしいと思います。

詐欺は銀行口座、株、債券、不動産とすべてにあります。「うまい話は絶対にない！」ということを肝に銘じてほしいと思います。

弊社の塾にも、実際に被害に遭われた方や助けを求めてくる方がいます。情報を得ることと数字をしっかり見ること、紹介してくれる人、経営者などを見定めることは重要でしょう。

少なくともフィリピンの法律で、その投資話が違法なのか合法なのかはチェックしたいところです。

日本人は、最初はなんとなく「怪しい」と感じても、結局は人を信じて投資してしまいがちなのですが、実態をしっかり見極めたいものです。会社がきらびやかすぎるのは絶対に変ですし、一般にお金をたくさん集めている会社のほうが派手なオフィスになっている傾向があります。

こうしたトラブルにさえ気をつければフィリピン外貨投資は超安全です。

ビザ詐欺に遭わないための警戒ポイント

前章でも多少触れましたが、投資詐欺とは別に、まずはビザ詐欺に気をつけたいものです。ビザを申請したのになかなか取れないという場合、難しいのはそれが詐欺によるものか、相手が頑張って進めているのに取得できないのかが判然としないことです。

わかりやすいのは、「自分に任せてくれればビザを取れる」と言われてお金を払ったのに、いつまで経っても発給されず、申請を取り下げようとしてもお金も返してくれない、あるいは雲隠れされてしまったというずさんなケースです。

次に問題なのが、これは実際に私も経験したことで、ビザを発給する側の仕事が遅いということです。

フィリピン移民局の長官は6年に一度の大統領選挙のたびに交代し、移民局のスタッフも入れ替わります。

すると、エージェントのコネのあった担当者がいなくなってしまい、迅速にビザを作れる人のパイプがなくなって取れなくなるという事態も起こります。

あってはならないことですが、フィリピンは賄賂を要求されることが多く、急いでビザを取得しようとすれば本来提示されている金額よりも多くのお金が延々と水増し請求されることが少なくありません。

この時に困るのが、「誰が嘘を言っているのかわからない」ということです。

エージェントの実績をチェックし、そのビザが本当に存在するものかどうかを見きわめなければなりません。また、最近ビザを作った人がどのくらいの金額、期間で取得できたのかを確認できればいいと思います。

私が実際に被害にあったビザの詐欺でいちばん参ったのは、「永住権が取れました」と連絡があり、フタを開けてみたらそのビザが偽物のステッカーだったということがありました。お金を払ったのにパスポートに張られたのはただのシールで、出国時に空港の入国管理局に不法滞在（オーバーステイ）でペナルティを要求されたことがありました。幸い事情を説明したところ理解が得られて、少しの罰金だけで済みましたが、当時は身に覚えのないオーバーステイだったので、混乱したのを覚えています。

この辺りには注意が必要です。

特に、新しい経済特区などが発行する永住権ビザの場合、何が本物かを見きわめるのが大変です。あとで判明するため、前もって判断するのは難しいのですが、ある新しいビザがあって一人の日本人の企業が紹介・斡旋していたのですが、その会社の社員が誰一人として取得していなかったということがありました。良い条件のビザでしたが、「何か変だよね」という噂はありました。


この経験で得た教訓から、いくつかのチェックポイントをお伝えしましょう。

まず、前もってビザの実物を見せてもらうということです。

私が騙された詐欺ビザは、入国管理局が発行するカード特有の体裁ではなく、訳のわからないCEOがサインしただけのものでした。

ビザは国が発行するものですから、一介のCEOがサインできるようなものではありません。

もう一つのチェックポイントは、パスポートにどのビザかが明記されたスタンプが押されているかどうかです。シールが貼られるということはあり得ません。

次に、入国するとわかるのですが、ビザを取得していないと日本人の場合、入国スタンプに30日後（ビザなしで滞在できる期限）の日付が押されます。しかし、ビザを取得していれば、ビザの名前が書かれていて長期滞在が許可される旨が明記されます。期限は書かれません。

しかし、一般の人はそんなことを知りません。私の場合、偽物のスタンプやビザのカードを見せて「永住権を取っている」と出国審査の管理官に話しても、相手にされず最終的には出航監理局からも「あなたは騙されているからすぐに弁護士に相談したほうがいい」と同情されたのを今でも覚えています。あとになって騙されたことがわかりました。

ビザは生活の基盤になるので、細かくチェックすることが大事だと痛感する出来事でした。

「ビザなしで口座作れるよ」銀行口座詐欺の甘い誘惑

なかには怪しい銀行の投資の話もあります。

いちばん悲惨なのは、同じ日本人から「お金を払ったらビザなしで口座をつくってあげるよ」と持ちかけられ、現地に来てお金を払ったにもかかわらず口座を開設できなかったというケースです。

これが対面であれば、一緒に銀行窓口へ直接行くので、通帳やATMカードがなければ怪しいというのはすぐにわかります。最悪なのは事前入金したところ、突然連絡が取れなくなるというパターンです。

こうした銀行口座詐欺への注意点としては、まず本当に実在する銀行なのかどうかをしっかりとチェックすることです。

銀行口座を開設する場合には、その銀行が実在しているかどうか、仮に実在していたとしても実体のある信用できる銀行なのかどうかをしっかり確認しなければなりません。

基本的なチェックポイントは、金融庁から認可されている銀行なのかどうかという点です。

一つの目安は、フィリピン政府の預金保護機構であるPDIC（フィリピン預金保険公社）に加盟していることです。フィリピン中央銀行に登録されているすべての銀行は必ずPDICに加入することになっています。その銀行が加盟しているかどうかはPDICのホームページでも確認できます。

加盟していない銀行はそもそも怪しい。ハリボテの銀行だと判断できるでしょう。

そして、エージェント詐欺に遭わないために重要なのは、お金を預け入れる際には必ず自分で行いましょう。渡航が難しければ、現地の銀行に直接国際送金しましょう。国際送金可能なSWIFTコードがないような銀行では規模が小さい可能性が高く、そもそも倒産リスクが高いです。代理で振り込んでもらうというのは、持ち逃げされるリスクもあるので避けてほしいと思います。

日本人が買収した小さい銀行で出金停止

最近、目立ってきた詐欺は、日本人が名もなきフィリピンの銀行を買収したというものです。すべてが詐欺ではないとは思いますが、実際にこんな事件がありました。

フィリピンの地方にある小さなB銀行は、「日本人オーナーが買収し、ビザなしで口座が作れます」というのが謳い文句です。高金利を売りにしており、定期預金の金利が最大年6％以上であり、市場レートと比べてあまりに高すぎるのです。最初はしっかりと運用していたように見えましたが、なぜか途中から定期預金の利息の振込遅延が発生し、最終的に出金できなくなってしまったという事件です。

満期になった定期預金のお金が返ってこないというのはあり得ない話です。実際に日本人が銀行を買収したのかもしれませんが、実体がなく、きわめてグレーなのです。通常、フィリピンの定期預金の金利は年3％前後ですから、どう考えても6％以上で運用することは不可能です。

このように、利回りが高すぎる場合、実在する銀行だとしても、預けたお金がその銀行で運用されているかどうかは不透明なので、気をつけた方がいいでしょう。

ただ、事態を複雑にしているのは、このB銀行がPDICに加盟したフィリピン政府から認められた銀行だということです。

フィリピンには4つの銀行区分があり、ユニバーサルバンク（国際銀行）、商業銀行、貯蓄銀行、農村銀行に分類されます。

この事件の銀行は、最も格付けの低い農村銀行（ルーラルバンク）です。

小さな銀行なので当然、倒産リスクが高く、国内でのネットバンク機能がないなど使い勝手は良くありません。そもそも日本人個人が買収できる程度の規模の銀行です。
結局のところ、定期預金口座を開くのであれば、フィリピン証券取引所に上場している大手銀行で財務が公表されている銀行を選んだ方がいいということです。「日本人が買収した銀行」という誘い文句には惑わされないようにしてください。

仮に、大手ではない銀行で定期預金口座を開くにしても、金利が市場レートとかけ離れている場合は要注意でしょう。

配当があれば詐欺ではないのではないかと考えるかもしれませんが、B銀行には金融ライセンスを持たない日本人が、誰かを紹介すると定期預金の何%かをキックバックするというおかしな資金募集をしておりました。これは普通に考えればあり得ないことです。「お客さんを紹介すればその人の積立の1%をバックする」ということを仮に日本のメガバンクが行っていたら、非常に怪しく聞こえませんか？　集めた定期預金に応じてバックマージンを払うのは、中央銀行の規則にのっとり、登録や報告等正しくすれば違法ではありませんが、詐欺の可能性があります。

日本人は「銀行」というと無条件に信用してしまいがちですが、こういった点にはくれぐれも注意して、銀行を慎重に選ぶ必要があるでしょう。

日本進出キャンペーンはウソ!「私募債詐欺」の実態とは?

すでに述べたように、フィリピンではビザがあれば社債を購入することができます。

ここでも注意すべきことがあります。

社債を募集する際にフィリピンの上場企業を騙るなど、社債詐欺のようなものもあるということです。

私が実際に出合って驚いたのが、日本の有名歌手の兄弟を騙っていたA氏という日本人です。東京に会社を構えており、ある人の紹介で会いに行ったところ、差し出された名刺がフィリピンの大手財閥企業SMコーポレーションのものでした。

「いい投資がありますよ」と持ちかけれ、話を聞いてみると、フィリピンの中でも最大級の財閥SMが社債(私募債)を募集しており、契約すれば1か月に金利が5%もらえるというのです。

SMを含め、フィリピンの上場企業が発行する公募債の金利は年に5~7%です。

「これって、おかしくないですか? 財源はどこから来ているのですか?」と聞くと、「今、SMが日本進出のキャンペーンを行っており、特別金利で月5%の利回りが出る」というわけです。

A氏はほかにもフィリピンの大手不動産企業AGIとも関係があり、マイクロファイナンス(小口融資)を手がけていると話していました。

フィリピンは不動産ローンが高いもので金利年13%、カードローンは最大年60%にもなります。マイクロファイナンスにはいわゆる消費者金融なども含まれており、法外な利子で貸付を行うケースもあります。

SMはショッピングモールやデパートなど多くの事業を展開していますが、A氏の話によると、SMの事業だけでは月利5％は出せないが、ほかでマイクロファイナンスを手がけているから財源はあるということでした。

紹介者に聞くと、最初は半信半疑だったものの実際に月利5％の配当があり、SM本社を訪れて挨拶したこともあるそうで、信頼したとのことでしたが、どこまで本当の話なのかが判然としませんでした。


その後、フィリピン商工会議所の仲間であるフィリピン最大の商業銀行BDOに本件を問い合わせてみました。BDOはSM財閥の傘下にあります。

即答でした。

「よく知っていますね。われわれも困っています」と。

SMから出された公式文書を見せてもらったところ、「A氏はSMとは一切関係がありません。詐欺を働いているので、彼が何かをやったとしてもSMは一切関知しません」という広報が出ていました。


気をつけなければならないのは、〝虎の威を借る狐〟は勝手にこういう話を持ち出してくることです。

これは3～4年前の事件ですが、ある人物が暗号通貨のウィズコインと、カジノ施設を運営する大手ブルームベリーが展開するソレアリゾートと提携したと言ってお金を集めていました。これも詐欺で、ソレアリゾートは公式文書で彼ともウィズコインとも一切関係がないと発表しました。

素人の方にとって難しいのは、自分で調べようと思ってもオフィシャル・アナウンスメントが英語なので正しい情報にたどりつくことができない点です。


少なくとも、社債への投資を検討する場合は、それがフィリピンの金融庁に登録されている商品なのかどうかをまず確認することが必須です。さらに、相場の利回りを知っておくことが大切です。常識的に考えて、月利5％などというのはあり得ない話です。

A氏の持ちかけてきた話のように、しばらくは配当が支払われる場合もあるかもしれません。だとしても、それはおそらくポンジスキームである可能性が高いのです。ポンジスキームというのは自転車操業型の投資詐欺です。出資者から集めた資金を運用する実態がなく、あとから参加する出資者から集めたお金を配当金として以前の出資者に回すことで、資金運用による利益を配当しているかのように偽装する方法です。しかし、ポンジスキームはいつか必ず破綻します。

こういううまい話にはくれぐれも騙されないようにしたいものです。そのためには周囲に信頼できる情報源を持っておくことも必要でしょう。

「株購入エージェント」でお金を持ち逃げされた投資初心者

株式投資を行うにあたって、いかにフィリピン経済が伸びており、どんなに優良銘柄であっても、株価の高いタイミングで買ってしまうと損をするのが目に見えています。

株式投資で利益を上げる基本は、黒字企業の銘柄を安く買うことです。ここさえ外さなければ、フィリピン株は長期的に運用すれば株価は上昇していきます。

フィリピンでは外国人が株式口座を作れるということで、近年、さまざまな株購入エージェントが出てきています。しかし、銀行口座詐欺と同様、株式口座を作らないかと勧誘してきたにもかかわらず、口座が作れなかったというケースもあります。

最悪なのは、「口座を代行して作っておきます」と言われ、お金を支払った途端に雲隠れしてしまうという詐欺エージェントです。

あらためて、そのエージェントが実在する会社なのかを調べてほしいと思います。

そして、これも定期預金の場合と同じように、自分で直接証券会社に入金することが重要です。

最近は真っ当な株式口座開設業者が増えたようですが、口座開設後のサポートがまったくないエージェントもあります。そのため、口座を開いたのはいいものの、英語の苦手な方だと入金方法がわからなくて着金できず、株が一つも購入できないというケースもあります。

また、「とりあえずトップ10社の株を買って、放置しておけば株価が1年間に2倍になります」といった怪しげな情報を売っている業者もいます。

繰り返しになりますが、どんな有力企業でも、高い値段で買ったら損する可能性が高いですし、そもそも大手企業でも赤字の企業も存在します。フィリピン株は新興国の株にあたるので、一般的にハイリスク・ハイリターンの投資群であり、最低限の勉強は必要です。それもしっかりとした情報を持っている人のもとで学ぶことをおすすめします。

フィリピンには「会社四季報」のようなものがないので、私は自社でそうした媒体を作りました。弊社ではこの5年間、毎朝私自身が英語の記事を読み、各企業の決算を読み込み、毎朝、株価を詳細に分析して記事を書き続けています。

しかし最近、同じようなことをまったくの畑違いの語学学校などが小銭稼ぎでやっているケースもあります。

フィリピン上場企業の名前や、どこの財閥の傘下かといった知識もなく、まして財務分析も行っていないのであれば、有望銘柄や割安銘柄を発掘することなどできるわけがありません。

株購入エージェントの仕事は口座を開いて終わりではありません。そのあとのケアが大変なのです。しかし、十分なケアができているエージェントはあまり多くはありません。

エージェントに依頼する際は、株を購入しようとする企業についてどの程度知っているのか、相手に質問をしてみてください。

詳しい知識もなく、ただ「1年で2倍になるから」など漠然とした誘い文句で押し通してくるようなエージェントはまず信用できません。


弊社のサポートは、株式口座を作ることではなく、株式投資によって資産を形成することをゴールに置いています。

そのために必須なのが。専門知識と正しい情報です。

たとえば、上場していた株が廃止になることがあります。証券取引所の取り決めに該当して上場廃止される場合と、上場している企業による自主的上場廃止があります。

上場廃止の際には投資家へのアナウンスが出て、期限内に申請をするとその企業に株式を買い取ってもらえます。これはお金が減るどころか、増えて返ってくる大チャンスです。ただし、期限を超えてしまうと、株を保有し続けていても、オンラインで売却する手段を失って現金化できないというようなトラブルにもなりかねません。

こういったことも毎日情報を追いかけていなければ、知らないうちに申し込みが始まって、いつの間にか終わっており、チャンスを逃してしまうことになります。

英語がわからず、ケアもなければ情報にアクセスできず、「自分の持っている株が知らない間に消えていてお金がなくなってしまった」ということも起こりかねません。ぜひ、細心の注意を払ってほしいと思います。

あらためて強調しますが、株はハイリスク・ハイリターンの投資です。しかも、フィリピンという新興国への投資になりますので、うまい話には要注意です。長期的な目線であれば買って放置でも経済成長に伴い利益を得られるでしょうが、短期目線の売買ではしっかり勉強しておきましょう。

「土地購入」の話には絶対に乗ってはいけない！

今、フィリピンでは不動産価格が上昇し続けています。

人口が増えれば需要が高まって空室率は下がり、不動産価値はどんどん上がっていきます。そのため、外国人に不動産購入の話が持ち込まれます。

ここで危ないのは土地への出資の話です。

フィリピンで土地購入をすすめられたら、絶対に乗ってはいけません。

すでにお伝えしたように、外国人はフィリピンの土地を購入することができません。

外国人が土地を所有する方法は、フィリピン法人を作って購入する方法です。この際に、その法人に共同出資して、一緒に資産を増やそうといった甘い話があとを絶ちません。

ここでの注意点は、フィリピン法人を作る場合には外資規制のしばりがあり、たとえ日本人が100％出資したとしても60％以上はフィリピン人に株を持ってもらわなければいけないということです。外資規制をかいくぐるためにフィリピン人から名義を借りてダミーとして利用する行為や、フィリピン資本比率を体裁上クリアするためだけにフィリピン国籍の人に株を保有してもらう行為も、アンチ・ダミー法という法律で禁止されています。

このフィリピン法人を作って土地を購入する場合、最も怖いのは、そもそもそんな土地は存在せず、詐欺師が嘘を言っているだけで、土地の権利書なども偽造して、お金だけ集めてトンズラするというケースです。

また、実在する土地ではあるものの、大金を銀行へ振り込んだあとに、60%以上の株を所有するフィリピン人側が謀反を起こして、法人を乗っ取られてしまう場合もあります。

さらに、購入した土地のインフラがいつまで経っても整わないというケースもあります。土地を所有すれば、そこが荒れた土地であっても固定資産税を払い続けなければなりません。当然、インカムゲインは入りませんし、これでは資産どころか負債になってしまいます。

うまくインフラが整って土地を入手し、不動産価格が上昇したとしてもまだ問題が残ります。その土地を売却する場合です。いざ土地を売ろうとしても、複数の出資者の同意がなければ売却することはできません。一人が「事業が失敗したので、すぐに売りたい」と思っても、他の出資者が反対すれば、いつ売却するのかを自分で決めることができないのです。

このように、これからインフラが発展して不動産価格が上昇しそうな郊外や田舎の土地を購入しようとしても、落とし穴が多すぎるため、資産形成という目的の出口が見えません。不特定多数の出資者による土地購入はリスクが高すぎます。

私の周囲で土地を買って儲かっているフィリピン在住の日本人は、配偶者がフィリピン人で、その配偶者の土地勘がある場所を購入した人くらいです。

そもそも「土地」という話を聞いたら、絶対に乗らないようにするのが正解でしょう。

一方、土地ではなく「コンドミニアムを買いませんか?」という話もよく持ちかけられます。良し悪しはありますが、コンドミニアムは土地がついていない上物であり、購入するのはもちろん合法です。

コンドミニアムの買い方には2パターンあります。企画段階で不動産を購入する方法と完成済みの物件を購入する方法です。前者は「プレセール」または「プレビルド」と呼ばれ、竣工(完成)まで3~5年の期間のある物件を予約購入する方式で、フィリピンでのコンドミニアム販売の主流です。

プレビルド物件は複数回に分割して払える、キャピタルゲインを狙えるというメリットがあります。

ただし、次のようなケースには要注意です。

コンドミニアムを購入したつもりが、気づいてみれば自分のものになっていなかったというケースです。

詐欺師に騙されてお金を持ち逃げされたという話もありますが、これは最近減ってきているようです。

むしろ気をつけなければならないのは業者のオーバートークです。フィリピン不動産は好調だからすぐに2倍、3倍になると煽って売っているケースです。

特にマニラ首都圏のコンドミニアムは供給過多になっています。物件が建ったとしても客付けができなかったり、高すぎる不動産を買ってしまえば満足な家賃を得られず固定資産税だけを払い続けなければならず、負債になってしまいます。

２０２４年、アリス・グオを名乗る中国人がフィリピン人になりすまし、町長に就任。中国企業に対して違法なオンラインカジノのライセンスの発行などをしていることが問題になりました。これに対してマルコス大統領は、オンラインカジノ事業の営業許可を全停止させ、オンラインカジノに就業している外国人のビザを取り消しました。これにより、マニラ湾岸沿いを中心に、主な就労者だった中国人が一斉に帰国して、マニラ首都部の空室率が増加。中国本土の不景気もあいまって、フィリピン不動産への需要、価格上昇は残念ながら低空飛行しています。

コンドミニアムを購入する場合は、立地と供給数、周辺価格に対して安いかどうか、管理に問題がないか、その物件でなければならないユニークな理由が存在するのかをよくチェックする必要があります。

フィリピンでの「事業投資」は要注意

ここまで、定期預金、株、社債、不動産といったフィリピンの金融法に基づく投資という観点で話をしてきました。

いちばん危ういのは事業への投資です。

本当のペテン師は真っ当な事業をやっているふりをして、私たちに擦り寄ってきます。

フィリピンに住んでいると、たとえばオンラインカジノ、カジノのジャンケット（大金を賭けるVIP向けのカジノサービスパッケージ）、IPO株購入への融資、飲食、タクシーなどさまざまな事業への投資の話を聞きます。

年20％、30％利回りの事業投資など耳障りのよい情報も入ってきますが、事業投資の怖いところは、その事業が実在して回っていたとしても、事業は潰れるときは簡単に潰れてしまうことです。

一つ覚えておいてほしいのは、大手上場企業の公募債でも年5〜7％前後の利回りが相場だということです。

当然、非上場企業への投資はリスクが高くなるので年12〜15％といった高利回りになります。その中には本物の金融商品もありますが、ほとんどの場合、決算が開示されていません。

事業というのは人や外的要因に依拠するものなので、その会社がいくら頑張っていたとしても、キーマンが辞めたり、競合が出てきたりなどさまざまな要因で話が狂ってしまうことがよくあります。

そもそも、事業を営んでいる企業は普通であれば銀行から融資を受けるはずです。にもかかわらず、「なぜ、一般の個人からお金を集めようとするのか?」ということです。

事業が傾く場合、多くはお金の使い込みから始まります。株であれば証券会社にお金を渡しますし、公募債であればその企業の債権を買います。それは証券取引委員会の管理下にあり、認可の取れている透明性の高いものなので、集めた資金がその企業の代表や役員により不当に使われることは基本的にあり得ません。

ところが、事業投資はその会社に直接お金を振り込みます。経営者の器にもよりますが、ある一定額を超えてしまうと金銭感覚が狂ってきます。つまり、他人から預かっているお金を自分のものだと錯覚してしまう。これが事業投資の恐ろしいところです。

また、事業の場合、それが失敗したとしても、詐欺なのかどうかは立証しにくいのです。「投資したお金が返ってこない」と警察に駆け込んだとしても、最初から人を騙そうとしているという証拠が出てくればともかく、証拠がなかった場合、結局は「事業の失敗」という形で片付けられてしまい、泣き寝入りするしかありません。

そんなところで大事なお金を失ってしまうのはあまりにも勿体ない話です。いくらフィリピンが経済的に成長しているとはいえ、金融法に乗っ取っていない投資には手を出してはいけません。

うまくいく事業投資もあるかもしれませんが、成功確率はあまりにも低すぎるので気をつけた方がいいと思います。

真っ当な事業を行っている会社かどうかを見きわめるのはとても難しいのですが、詐欺まがいの会社ほど自らを大きく見せようとする傾向があるようです。オフィスが無駄に豪華だったり、スタッフがブランドもので固めた服を着ているなど、外見で人を信用させようとします。

詐欺の会社の場合、社長は当然トッププレゼンターで耳障りの良いことしか言いませんが、その取り巻きのレベルや言動をよくチェックすると、なんとなく違和感を感じることも少なくありません。

事業出資をすすめられたら、その人に会社のことをいろいろと質問してみましょう。その際、「出資にあたって何か大変なことは？」「商品の価格は？」「競合は？」「マーケットは？」といったことを聞きがちですが、それよりも「人事の悩み」について質問してみると怪しいかどうかがわかるでしょう。

私も自ら経営するようになって感じるのは「マネジメント」の難しさです。人間関係や仕事の指導法、採用・育成など悩みの尽きないテーマです。企業が成長するためには、プレイヤーだけではなく、優秀なマネージャーの存在が不可欠です。

しかし、人は簡単には育ちません。その会社が本当に成長しているのであれば、人事の悩みの話が出てこなければどこか変だと思います。実態のない会社であることを自ら白状しているようなものです。

このあたりはチェックすべき観点ですが、そもそもどんなに高利回りを提示されても、少しでも危険な匂いを感じたら絶対に避けるのが賢明です。

あとがきに代えて――世界を旅する「冒険投資家」を増やしたい

投資をせず老後を迎えると時間も資産も失ってしまう

ここまで本書をお読みになっていかがでしたでしょうか？　どのような感想を持たれましたか？

日本人はとにかくリスクを嫌いますが、今私が改めて伝えたいことは、もはや「何もしないこと」が最大のリスクになる時代に入ってしまったということです。

円の暴落が止まらず、人件費が上がらないのに物価が上昇しています。物価上昇に比例して資産が増えていかないと、同じものを買うためにより多くのお金が必要になります。

実は投資というのは、お金の「保管場所」を変えるだけでもできることです。詐欺に気をつけながら、時間をかけて運用していくことで、定期預金や債券のように安定した利回りを得られるものがあります。

投資の初心者の方が、老後資金を蓄えたり、億単位のお金を稼ぎたいのであれば、とにかく「時間をかけること」を心がけてください。

50代、60代になって、手っ取り早くお金を稼ぎたいと思うと、射倖心をあおられて怪しい詐欺に引っかかってしまうことになります。

ここを自覚し、小さな一歩で良いので、まずは固定利回り年3％前後を得られる定期預金から始め、少しずつ成功体験を積んでいってほしいと思います。

「お金稼ぎそのもの」が目的だと「本当の豊かさ」を見失う

弊社の塾に来られる方の中には50代、60代も多くいらっしゃいます。老後が迫ってきて、どうすれば資金を蓄えられるのかという問い合わせも少なくありません。

そういった方に私はこう尋ねます。

「あなたはいくら稼ぎたいのですか？」

すると、「月50万円稼ぎたい」とか「1億円ほしい」とか、「数字」は出てきます。

しかし、では「何のために、誰のためにそのお金が必要なのですか？」という問いかけをした瞬間に多くの人が口ごもります。

お金は欲しいけど、そのお金の用途を考えていない人が多いのです。

子どもの頃、大人になるということは自己実現の一環であり、将来は何か好きな仕事をして誰かの役に立ちたいと誰もが一度は思ったのではないでしょうか。

生きる目的は、自分の人生を豊かにすることであり、仕事は手段だったはずなのに、気がつけばお金を稼ぐために仕事をしているという人がほとんどです。

投資についても同じで、数字ばかりが先行している人がいかに多いかと感じます。

しかし、お金は天国までは持って行けません。下手に資産を遺してしまうと、仲の良かった身内が相続で揉めることもよくあります。

『DIE WITH ZERO』（ゼロで死ね）というベストセラーにも書かれていましたが、1億円遺して死んでしまったとしたら、その1億円を稼ぐ時間に、もっと人生が豊かになる何かができていたのではないかと思います。

ケチケチお金を貯めるのではなく、家族と年に1回旅行をするとか、素敵な場所に移住するとか、人生を豊かにするお金の使い方があるはずです。

人生の目的はお金稼ぎではありません。「豊かな人生を送る」ということです。その目的ありきの手段としてのお金。そのように考えてください。

結局、究極の問いは、「あなたにとって幸せとは何ですか？」ということです。

なぜ投資をすると愛が生まれ、人間らしく生きられるのか？

日本人は、「投資」というと、「お金を稼ぐ」というイメージがあるせいか、悪いことをしているような意識を持つ人が少なくありません。

決してそうではありません。

たとえば、定期預金について考えてみましょう。

銀行にお金を預けることで年3％前後の利息をもらえます。それはどういう仕組みになっているからでしょう？

銀行はこの3％を元手に、不動産ローンやビジネスローンを組む人にお金を貸して、その人たちが得たい未来を手に入れることと引き換えに利ざやをもらいます。

こうした金融の仕組みによって、私たちが投資したお金は、たとえば途上国の橋や道路などのインフラの整備、新しい企業のスタートなど、回り回って誰かの生活を助けることにつながっているのです。

株式投資であれば、私たちがその企業にお金を投じることによってより良い商品・サービスの提供につながったり、その会社が豊かになって新しい雇用が生まれたりします。株式投資というのはいわば投票であり、その企業を応援するという意思が社会の中で循環されていきます。

金融というシステムを使えば、日本にいながらでもフィリピンに投資ができ、その国の発展に寄与することができる。これはとても面白いことだと思います。

要するに、投資というのは社会に還元されているものなのです。

また、ある国で投資をすると、その国のことが自分事になります。

たとえば、フィリピンの大統領と副大統領が険悪になれば、「自分の持っているフィリピン株はどうなるんだろう?」とも考えます。

しかし、何もしていなければ他国には無関心になります。ウクライナ戦争やイスラエル・ガザ戦争のニュースを聞き、「ひどい話だ」と思っても、所詮は他人事です。でも、もしあなたがイスラエルに不動産を持っていたとしたらどうでしょう? 毎日、心配で仕方がないはずです。

世界平和などと大所高所から声高に叫ぶよりも、そうした小さなところから人々がお互いの国に関心を持てば、偽善に聞こえるかもしれませんが、戦争もなくなるような気がします。

ぜひ、投資という行為を通して、世界を見る視野を広げてほしいと思います。

どの国も「隣国の力」を借りないと生きられない

いまの日本の経済状況は異次元としか言いようがありません。不景気が続いているのに減税もされない、G7の中で唯一所得が上がらない、人口が政府予想よりも早く減少している……。

こうして考えてみると、今後日本が経済的に持ち直すというのはきわめて難しい状況です。

フィリピンは日本にとても近い国です。飛行機でわずか4時間、時差は1時間。英語も通じ、親日で、日本のアニメなどの文化も人気で、現地の人々は心優しい。宗教的にもアジア唯一のキリスト教国で、他の多くの東南アジア諸国が信仰するイスラム教よりも理解しやすい面があるでしょう。

今、日本とフィリピン両国の関係はとても大事な時期です。きれいごとではなく、私たちが何らかの投資をすることが、どこかで誰かの命を支えることにつながるかもしれません。

また、フィリピンという国をもっと知り、たとえばコンビニでフィリピン人に会った時にタガログ語で挨拶してみたりすることで、相手に「日本が好きだな」と思ってもらえれば、次の世代にも両国の良好な関係が持続していくでしょう。

今や、いかなる国も「隣国の力」を借りなければ生きられない時代です。

フィリピンという若く未来のある人口大国が、日本のごく近くに存在するのは奇跡だとも思えます。

フィリピン人の温かみ――あなたが介護を必要になった時

ここまでお話をしても、「自分にはフィリピンは関係ないよ」「自分の生活で精一杯だから世界平和なんて関心がない」という人もいるでしょう。

しかし、私の思いは、「ぜひ一度、フィリピンに来てほしい」ということです。

人は、いつか必ず死にます。今どれだけお金を持っていようが、どんなに立派な会社を経営していようが、どれだけ高学歴だろうが関係なく、人はいずれ老いていきます。これは自明です。そう考えたときに、それまでの人生がどうだったかはともかく、死ぬ前の3年あるいは3か月でも、「自分の人生、幸せだった」と思えたら、それはとても素敵なことだと私は思います。

一方、日本の高齢化がもたらしている問題の一つに、介護現場の高齢化があります。介護は儲からない仕事です。そんな中、介護する側も高齢化していきます。

日本の現在の状況では、限られた人員で介護を回していかなければなりません。人手不足で、入所者が人間らしく生きることのできない介護現場も少なくありません。

しかし、フィリピンであれば、介護が必要になったとき、実はフィリピン人があなたを助けてくれるかもしれません。

私がフィリピンを好きなのは、この国には本当に心の温かい人が多いからです。

まだ社会システムが整っていない国だからこそ、あるいはカトリックが多く家族を大事にする精神性が根づいているからこそ、家族の中に年老いて動けなくなった人がいても最期まで親身になって面倒を見ます。

最近、日本の介護業界でも多くのフィリピン人が活躍しており、よく「介護はフィリピン人」と言われます。フィリピン人のフレンドリーで陽気な性格が、高齢者からもとても人気があるからです。

すべての人にフィリピンが向いているとは言いません。しかし、若いうちにこの国を見れば、「年老いたときには、この国の温かい人たちに囲まれて、海でも見ながらゆったりと暮らし、人間らしい最期を迎えたい」という思いにかられるかもしれません。

反日から親日へ——フィリピンの忘れられた歴史

日本人として生まれたあなたに、ぜひ知っておいてほしいことがあります。

今フィリピンがこれだけの親日国家になっているのは奇跡だということです。

フィリピンというと、未だに男性天国やストリートチルドレン、貧富の差が激しいといったイメージを持つ日本人も少なくありません。戦争当時を知る高齢者の中にはフィリピン人を馬鹿にするような人もいます。

そのことを私はとても悲しく思います。それは、フィリピンがこれほどの親日国に変わったミラクルともいうべき歴史を知っているからです。

フィリピンは長いスペイン統治時代を経て、1898年からアメリカの植民地になりました。長年、他国の統治下におかれていたフィリピンにとっての悲願は独立でした。

ところが、その実現を目前にした1941年に突如、それまで友好的だった日本が侵略を始め、翌年にはフィリピンを占領してしまいました。

太平洋戦争中にはフィリピンは日米決戦の最大の戦場となり、レイテ島の戦い、マニラ市街戦など激しい戦闘が繰り返されました。その爪痕はいまもフィリピン各所に残っています。さらに、日本軍が行った「バターン死の行進」と呼ばれる捕虜虐殺など多くの残忍な行為によって、一気に反日感情が高まり、それは戦後まで長く続きました。

太平洋戦争は1945年に終戦を迎えますが、当時のフィリピン人の感情を想像してみてください。

自分たちは何も悪いことをしていないのに、勝手に日本軍が攻めてきて自国の領土でアメリカと戦争をし、家族が虐殺されたフィリピン人も少なくありませんでした。この憎しみは到底忘れられるものではありません。

もし、そのまま歴史が進んでいたら、フィリピンは中国や韓国のように未だに反日感情の強い国だったでしょう。


両国が和解に向かう大きなきっかけになったのは、1953年にフィリピンのキリノ大統領が行った日本人戦犯100人以上に対する恩赦の決定でした。

キリノ大統領は、マニラ市街戦で妻と3人の子どもを日本軍に殺害されています。日本への憎しみは誰よりも強かったはずです。

そのキリノ大統領が「私たちの友人となるべき人々に対する憎しみを子どもたちや国民に引き継がせたくない」といった趣旨の声明を発表し、多くの元日本兵の命を救ったのです。

日本人への憎悪に満ちていた人物が、「未来のために」と憎悪の対象を許すことができる。この懐の深さこそがフィリピン人の素晴らしいところです。しかし、多くの日本人はそのことを知りません。

両国は悲惨な歴史を乗り越えて、今友好国として緊密な関係を築いています。このことはぜひ届けていきたいメッセージです。

人生どん底から起死回生した私の物語

私自身がフィリピンへ来た経緯について少しお話しします。

最初にフィリピンへ来たきっかけは、学生時代のボランティア活動でした。英語教員だった父に教えられ、小さい頃から下手なりに英語を話せたこともあり、その頃から「いつか英語を使って世界で活躍したい」という思いを持っていました。

そして２０１４年、日本と同じ24時間働いても、物価の安いフィリピンなら手残りが2倍になると考えてフィリピンに拠点を移しました。

私は社会人2年目で、結婚して子どももいましたが、収入が低く、どれだけ働いても手取りが増えず、お金に困っていました。それで、物価が安く生活コストを抑えられるフィリピンに移住したのです。当時私は投資というものを知らず、経済的に豊かになるためには、一生懸命働いて、節約するしかないという父の教えを信じており、物価の安いフィリピンは楽園のように見えたのです。

しかし、最初に勤めた大手人材教育の会社がまさかのブラック企業。パワハラで私はうつ病一歩手前になり、妻もメンタルを病んでしまいました。転職も考えましたが、駐在職から現地採用になると給料が極端に減ってしまうので、ブラック企業でもしがみつくしかありませんでした。

このときに思い知ったのが、収入の柱が一つしかないことの不自由さでした。

精神的に追い込まれた私を心配した唯一信頼できる一人の上司が、世界的ベストセラー『金持ち父さん・貧乏父さん』（ロバート・キヨサキ著）を渡してくれました。その本は衝撃でした。複数の収入を持つ重要さを理解した私は、ロバート・キヨサキのように不動産投資を始めようと考えました。しかし、海外在住者なので銀行融資で日本国内の不動産を購入することができませんでした。仕方がないので不動産は諦め、日本株の購入を考えましたが、住民票が日本になかったので証券口座を開けず、日本株を買うこともできませんでした。

そこで、ダメ元と思いながら、すがるような思いでフィリピン株の投資を始めることにしました。このフィリピン株投資が成功し、勢いづいた私はフィリピン不動産にも挑戦。4年後に建設されるホテルの一室（1000万円）をプレセールで、月5万円の積み立てで買いました。すると、この投資が当たり、ホテル一室の価値が1・3倍になったのです。

ここから、投資家としての人生が開けていきます。

株や不動産投資だけで月50万円は稼げるようになり、私はブラック企業を辞め、同じようにお金に困っている人のサポートをしたいと考えて独立起業しました。

ところが、独立してわずか3か月後、またもや私の人生は暗転します。

1600万円のアメリカの投資詐欺に遭って、ほぼ全財産を失ってしまったのです。当時、「経済的に豊かになれた」「もうつらい思いをしなくていいんだ」と信じていた妻には、この話をすることができず、どうすれば良いのか毎日が不安であり、自分の愚かな行いを責めました。

それでもなんとかしがみつき、今度は金融の基礎を学ぶため、大手金融ホールディングスに入社して経験を積み、最終的には不動産法人の雇われ社長になり、フィリピン株の事業も立ち上げました。時間があればひたすら不動産の現場訪問、周辺相場の調査、株の決算分析、アナリストの対談、フィリピン不動産・株の事業にのめり込み、どうしたら価値のある商品を作れるのか、向き合い続けました。

その後、「私の人生をどん底から救ってくれたフィリピン株式投資術をもっと広めて、たくさんの人を幸せにしたい！」と思い立ち、2020年に再び独立起業。フィリピン株式投資スクールを開設しました。

私が投資家としてそれなりに認知され、4冊の自著を出すことができたのは、すべてフィリピンのおかげです。この国が私の人生を大きく変えてくれたのです。

一人の社畜会社員から栄えある駐在員になり、独立して失敗し、さらに這い上がって雇われ社長となった。そして、ついに経営者となって6期目を終えたのが私の現在地点です。

人生のミッションを思い出させてくれたバターン州との出会い

このようにフィリピンに救われた私ですが、実は2023年、経営について迷ってしまうことになりました。雇われ社長でやるのと自分が経営するのはまったく違いました。ここまで、「誰のために、何のために投資をするのですか?」とエラそうに語ってきた私自身が迷子になってしまったのです。創業してから3年たったのち、従業員の集団離職が私をおそいました。

多くの方に資産運用の大切さを伝えたい、フィリピンの素晴らしさを伝えたいと考えて独立起業し、死に物狂いで働いてきました。最初は4畳半のオフィスで、朝6時から深夜2時まで仕事をし、毎日セミナーを開催し、どんなに疲れても株のレポートを朝6時から一日も休まず書き続けました。体重がみるみる落ちて栄養失調のような顔つきになってしまいましたが、だんだんとお客さまも社員も増えていきました。

しかし、YouTubeなどで紹介され、誰かもわからない、お客様でもない方から「胡散臭い」というコメントをいただいたり、社員からは「健登さんの言っていることは夢もあるしカッコいいけど、家族ともほとんど会えないし、すごくしんどそう」と言われました。「一緒に働くのは苦しい」と会社を辞めた社員もいます。それでも、「自分が本当にお金に苦労したから」「こつこつ時間をかけて豊かになろう」「フィリピンの豊かさを伝えよう」と熱が出ようがコロナにかかろうが働きましたが、従業員から連日離職届が届いたとき、ついに心が折れてしまいました。

「自分は一体、何をやっているのだろう?」「自分やお客様にかかわってくれる大切な従業員を幸せにできず、何が経営者なんだ」と不安になり、どんどん人前に出ることが怖くなっていきました。

しかし結局、またフィリピンが私を助けてくれたのです。

きっかけは、ルソン島の半島中央部バターン州との出会いでした。

それまで苦しい中でも応援してくれるお客様もたくさんいらっしゃいました。私が心を閉ざして、どこの誰かもわからない方からの批判に「何か悪いことしたのかな」「どうすればこの方のお役に立てるのか」とどんどんネガティブな気持ちになっているとき、ひょんなことからお客様から「フィリピンとの架け橋になってほしい」と言われ、在日フィリピン商工会議所の理事をやらせていただくことにもなりました。

あるとき、フィリピン大使館で講演を行う機会があり、バターン州の知事と親しくなりました。バターン州では今、2000ヘクタールの大規模土地開発プロジェクトが進んでいます。弊社では不動産の販売などを通してその地域の発展を後押ししていきます。

すでにお気づきかと思いますが、バターン州は前述した「バターン死の行進」の悲劇の舞台です。約2万人が亡くなり、バターンが占領された4月9日は戦闘や死の行進の犠牲者を悼む日として国民の休日になっています。日本人にとっての広島・長崎のように、バターンはフィリピン人にとって特別な場所です。

そんな歴史から一周まわって、なぜか私はこのバターンとご縁ができたのです。

田舎で仕事もない地域ですが、美しいビーチがあり、きれいな山々がある。本当に素敵な場所です。

最近ふと、「自分はどうしてフィリピンにいるのだろう?」「何のために事業をしているのだろう?」と考えたのですが、バターン州との出会いによって一本の道がつながったような気がしました。

前著でも触れましたが、私がずっと頑張ってこられた理由は尊敬する父親との関係にあります。私が中学2年生のとき、父親は病に倒れ、「歩けない、話せない、食べることができない」重度の障がい者になりました。

大黒柱を失った私の家は急速に家計が悪化し貧しくなっていきました。私は「なぜ自分ばかりがこんな思いをするのか」と苦しみ、学校ではいじめに遭っていて、「どう生きればいいのかわからない」「この世に居場所なんてない」「自分なんか生きる価値がない」と思っていました。

転機は高校1年の時でした。母校が開催したオーストラリア研修があり、お金がないのはわかってはいましたが、どうしても家や学校以外の場所に逃げ込みたく、母に無理やり頼み込みました。そして、短い期間ではありましたが、初めて海外へ旅立ちました。オーストラリアの高校では、見ず知らずの高校生たちが、テストの点数とか、学校に友達がいるかとか、親が障がい者かとか一切関係なく、無条件に私の存在価値を認めてくれました。その時に、「日本では居場所がない自分でも、海外でなら生きてもいいのかもしれない」と少しだけ世界が明るく見えました。そこから一心不乱に勉強し、筑波大学の国際総合学類へ進学。アルバイトでためたお金でアメリカ留学をすることもできました。

ようやく生きる価値が見え始めた大学4年の時、父は突然亡くなりました。恥ずかしながら私は、父が障がい者になってからの7年間、父と一度も口をきいていませんでした。父は病気のあと、当たり前のことが当たり前にできなくなったことから、精神病を患い家で暴れるようになっていました。ものの割れる音や人とは思えぬ叫び声が家に反響しており、あまりに変わり果てた父の姿を私は受け入れることができませんでした。

父が亡くなり、就職活動どころではなくなりました。自責の念と後悔で泣き暮れていた私は、ある時気づいたのです。

「すべて父のおかげだったのだ」と――。

英語教員だった父は、幼い頃から熱心に英語を教えてくれ、公務員の安月給でイギリスやオーストラリアへ連れて行ってくれたり、英語のスピーチ大会の指導もしてくれました。

私が海外を好きになったのも、フィリピンに移住して人生を変えることができたのも、英語を教えてくれた父のおかげだったのです。

親不孝者です。しかし、どんなに泣いても過去は変えられません。それでも、解釈は変えられます。どうすれば、父に顔向けができるかと考え、「父が教えてくれ、人生を変えてくれた英語を使って、海外で人の役に立つ仕事をしよう」と父の墓前で誓いました。

私はこの「父親との約束を果たすこと」を目標に、これまでずっと走り続けてきたのです。

経営者として心が折れそうになったとき、私はこのことを改めて思い出しました。そして、「ああ、それがこのパターンなんだな」と腑に落ちたのです。

実は今、現地の方から「この場所に介護施設を建てたら、町田さんは多くの人たちの希望に添えられると思う」と言われています。さらに、「永住権ビザを4泊5日で取得できるあなたなら、多くの人がフィリピンへ来るきっかけを与えられる」「ここでフィリピンの歴史やフィリピン人の温かさを伝えてほしい」とも。

生きることの苦しさや障がい者となった家族をケアする難しさを身をもって示してくれた父との生活が、まさかフィリピンでフラッシュバックするとは思ってもみませんでした。

「ここで本当に誰かの役に立つことをしてみませんか？」と言われ、私は、「このパターンを素敵な場所にすることが自分のミッションだ」と素直に思い、今とても燃えています。

私には、いつかパターンで実現したいと思っている夢があります。

これまで私は冒険家としても活動してきて、アイアンマンレースを完走したり、アフリカ最高峰のキリマンジャロ登頂などを果たしました。何かを成し遂げたいという猛烈な欲求はあるものの、どこに自分のエネルギーを注げば良いのか正直迷っていたのだと思います。

今私は、この土地で「バターン・メモリアルマラソン」を定期開催したいと本気で考えています。このために走ってきたんだ。山を登ってきたんだ。

すべてのエネルギーが繋がった瞬間でした。

バターン死の行進で多くの方が亡くなったこの土地を、1キロでも5キロでもいい。車いすだっていい。

日本・フィリピン・アメリカ政府と協力してマラソン大会を開催する。フィリピンの歴史にも触れられるコースを走り、ゴールする頃には涙があふれる。そんな地域に根ざしたマラソン大会ができれば、と。

この5年間毎日株の記事を書いて世界情勢に触れ、今ロシア・ウクライナ問題、中東問題、中国問題、本当に世界が第3次世界大戦へと向かっているような緊張を感じるようになっています。私は国防については素人ですし、戦争についても無知かもしれません。

それでも、私たち日本人とフィリピン人は理解し合える。アメリカ人とも仲良くやっていけている。

戦争はあったけど、私たちは理解し合える。そんなことをこのバターンの地で実現させ、「それは奇跡なんだ」ということがわかれば、言い過ぎかもしれませんが、本当の世界平和が実現できるのではないかと考えています。

その国の歴史を知り、投資し、現地で事業などを手がけていけば、人はその国のことが他人事ではなくなります。

最終的には、投資だけではなく、地域に根ざした文化をつくることができれば、それが本当の意味の「経営」なのではないかと思います。

組織とは、一人ではできないことをするためにあるのだと思います。一人ではできないことをするために法人・チームをつくり、「縁ある人に良いことをすること」「縁ある方が幸せになること」を目指し、誰かの役に立つからお金がもらえるのが経営の本質だとすれば、それが私のフィリピンでの10年間の意味だったのだと思っています。

バターンの2000ヘクタールの土地開発プロジェクトともなると、もはや私一人の力ではとても及びません。

志のある企業経営者や投資家など、単なる利潤の追求ではなく、本当にこの国の役に立ちたいという想いに共感いただける方とのコラボレーションにも期待しています。

投資家は雇用促進・経済発展の強力なサポーター

今弊社ではバターンを盛り上げるための取り組みを本格化させています。これは絵空事ではありません。

フィリピン商工会議所の理事という立場をいただけているおかげで、フィリピン大使館や領事館の方とお会いする機会も増えました。民間で頑張るだけではなく、政府にもからめる立場にいるので、これは私のミッションだという想いが強くなっています。

多くの方にフィリピンに目を向けてもらい、最終的にはフィリピンで何か事業やビジネスを手がけてみたいと思う方がいれば、ぜひお手伝いさせていただきたいと考えています。

経営者の方であれば日本だけではなく、フィリピンを足がかりに世界進出に乗り出すことも可能でしょう。

もちろん、日本に比べてビジネス環境は整っていない面はありますが、この国には圧倒的な労働力があり、人件費は毎年伸びており、5年後10年後には全く違う景色が見られることになると思います。

弊社も資産形成のお手伝いをしながらも、さらに事業を通してこの国との経済的な架け橋になれればと考えています。そして、そのチャレンジに皆さんのお力を貸していただきたいとも願います。

フィリピンへ移住して仕事をしてきた私が今感じているのは、「応援している国が成長する喜び」です。

その幸せをぜひ多くの日本人の方にも味わってほしいと思っています。

「フィリピンの安全基地」になって日本人の投資熱に火をつけたい

本書のテーマである外貨投資の話に戻ります。

フィリピン投資は資産運用に最適ですが、一方で日本人が日本人を騙すような詐欺が横行していることも悲しい事実です。

株や不動産への投資で詐欺に遭ったり失敗したりして、「どうすればいいでしょうか?」という相談も少なくありません。

海外では法律の壁もありますし、言語の壁もあります。しかし、個人ではなかなかリスクヘッジやトラブルに対応するのも難しい面もあります。

弊社は、日本人の投資を後押しするための「安全基地」でありたいと考えています。

多くの方にフィリピン投資に興味を持っていただき、もし何かあったら、弊社を頼っていただきたいのです。

フィリピンで一度でも騙されると、その方はフィリピンが嫌いになり、もう二度とこの国で投資をしようという気にはならないでしょう。

それはとても勿体ないことです。

詐欺に引っかかるのは、フィリピンという国が悪いのではありません。出会う業者や投資先を間違えただけです。

私は、投資先としてのフィリピンの魅力や将来性をよく知っています。だからこそ、この国への投資熱に火を点けたい。そのために弊社が、日本からフィリピンに投資する人たちのハブになれたら嬉しく思います。

山頂から見れば「国境」はないのと同じ

1970年代の高度成長期の日本は景気が良く、定期預金も高金利でした。しかし、残念ながら私たちは過去に戻ることはできません。

そう考えたときに、これから伸びゆく他国の力を借りるというのは有力な選択肢です。インターネットが普及したこの世界ではそれが簡単にできます。

私はキリマンジャロ登頂やエベレストのベースキャンプなどにも趣きましたが、つくづく感じるのは、山頂から見れば「国境」はないのと同じだということです。世界は国境などなく、一つの「地球」です。

そうした広い視点で、改めて自分にとって何が幸せなのかという本筋のところを考えてみてください。

私たちは誰もが「幸せな人生」を送るために生きています。そして、幸せな人生を手にするには、どこに時間とお金を使うかが大事です。

「投資」というのは幸せを循環させる行為です。

私は、地球レベルでの幸せを求め、世界中を旅しながら資産を増やす「冒険投資家」が増えればいいと願っています。

最後に

本書を最後までお読みいただき、本当にありがとうございました。

今の時代、インターネットで何でも情報が取れます。だからこそ、インフォデミックという造語もあるように、大量の情報が氾濫する中で誤った情報が急速に拡散するリスクもあります。

いちばん残念なのは、そうした不正確な情報に振り回されてお金を失ってしまうことです。ですから、基本的に危ないものは避ける、わからないものには手を出さないというスタンスが大事です。

しかし、それで萎縮してしまっていては、目の前にある有望な資産形成の波に乗ることもできません。

フィリピンもいずれは経済レベルが上がり、日本と同じような状況になる日もやってくるでしょう。

フィリピン投資の最大のチャンスは「今」です。

なお、フィリピンでのビザ取得には最低2～3か月の滞在が必要になりますが、私の主催する勉強会に参加していただければ、最短4泊5日、世界最安値でフィリピンの永住権を取得することができます。

政府にしてもエージェンシーにしても取得プロセスがあまりにも不透明なので、弊社ではこうしたビザ取得のサポートを行っています。

また、ビザなしでの定期預金の銀行口座開設のサポートも行っています。

弊社は株式投資と不動産投資についてのサポートが最も強いのですが、さらに債券や生命保険、ビザに関するアドバイスも得意としています。ここまでトータルでカバーしている日系の会社は稀有ではないかと自負しています。

ただ、私が最後に言いたいのは、

「一度フィリピンへ遊びに来てみませんか?」

ということです。


投資はしなくてもいい、興味がなければ引くも賢い選択です。ただ、この土地に、人の温かさに触れていただきたいのです。

人がまだ誰も見向きもしないところに本物の情報は眠っていますし、人がやらないことにチャレンジするからこそ世界は広がっていきます。

いまはLiving Anywhereの時代だと言われます。どの国に生まれようと、世界中どこにいようと、文明の力を借りて自由自在に生きていくことができます。

私はフィリピンをホームグラウンドにしていますが、これからも広い世界を旅する冒険投資家でありたいと思っています。


あなたにとっての幸せとは何でしょう?

あなたのユートピアは何処にあるのでしょうか?

本当に自由で豊かな心を持った方々と、この地球のどこかで出会い、楽しくビールで乾杯できる日を心待ちにしています。

本書ご購入者限定特典のご案内！

本書を手に取っていただきまして、誠にありがとうございました。

ご購入の読者様限定で、フィリピン外貨投資(定期預金・債券・株・不動産・永住権等)に役立つ情報・特典動画(無料)で配布しております。詳細は、弊社公式LINE登録後にお知らせさせていただきます。

LINE公式アカウントQRコードを読み取るか、URLリンクよりご登録ください。

■LINE公式アカウントQRコード

【フィリピンの各種投資の情報・特典動画を無料でGET！】

https://lifeshift-ex.com/book/bankbokk/

■ご新規様向け！外貨預金勉強会オンラインセミナーのご参加はこちらから（無料）

読者特典:ビザ不要！フィリピン大手銀行口座開設サポート特典付き

https://lifeshift-ex.com/lp/banklp2/

※特典プレゼントは予告なく終了となる場合がございます。あらかじめご了承ください。図書館等の貸出、古書店での購入では特典プレゼントは出来ません。
※本特典の提供は、町田健登が実施します。販売書店、取扱図書館、出版社とは関係ございません。お問い合わせは、info@lifeshift-ex.comからお願いいたします。

町田健登（まちだ・けんと）
ライフシフト合同会社代表。ファイナンシャルプランナー。在日フィリピン商工会議所 理事。大妻女子大学 大妻マネジメントアカデミー講師。
1988年生まれ、栃木県出身。筑波大学卒業後、外資企業の営業職を経て人材派遣会社のフィリピン駐在員として渡比。職場で上司からの激しいパワハラを受けたことに限界を感じ、投資の勉強を開始。1600万円の詐欺被害に遭うなどの失敗を繰り返しながらも着実に資産を増やし、現地日系フィリピン金融ホールディングスの役員に3年就任。その後、31歳で無借金、純資産1億円を達成。
2020年、ライフシフト合同会社を立ち上げ独立を果たす。フィリピンで培った知見を活かして、社会面・教育面でも活躍中。「フィリピン投資入門」「フィリピン株を推すこれだけの理由」等現在2冊出版中。2018年にアイアンマンレース完走、2020年にアフリカ最高峰キリマンジャロ山登頂など、冒険家としても活躍している。

ライフシフト合同会社
https://lifeshift-ex.com/

X（旧 Twitter）
https://x.com/KentoMachida

アジアで弱《よわ》よわの「円《えん》」を、「外貨《がいか》」に換《か》える利回《りまわ》りバグ投資《とうし》

2025年5月9日　初版発行

著　者　町田健登
発行者　和田智明
発行所　株式会社　ぱる出版

〒160-0011　東京都新宿区若葉1-9-16
03(3353)2835ー代表
03(3353)2826ーFAX
印刷・製本　中央精版印刷(株)
本書籍に関するお問い合わせ、ご連絡は下記にて承ります。
https://www.pal-pub.jp/contact

ISBN978-4-8272-1506-9　C0033